objetivo DELE

B1

Teresa Bordón
Carmen Bordón

ele
Español Lengua Extranjera

SGEL

Primera edición, 2017

Produce: SGEL – Educación
Avda. Valdelaparra, 29
28108 Alcobendas (MADRID)

Coordinación editorial: Jaime Corpas
Edición: Belén Cabal
Corrección: Ana Sánchez Urquijo
Diseño de cubierta: Thomas Hoermann
Diseño de interior y maquetación: Leticia Delgado
Imágenes: Shutterstock, de las cuales solo para uso editorial: 109 (Matyas Rehak/Shutterstock.com).

ISBN: 978-84-9778-960-8
Depósito legal:
Printed in Spain – Impreso en España

Impresión:

Índice

Introducción

Objetivo DELE B1 está concebido como un ejercicio práctico para la preparación del examen DELE B1 y la obtención del Diploma de Español como Lengua Extranjera en este nivel. Para ello incluimos, además de una serie de consejos, seis exámenes que reproducen el modelo presentado por el Instituto Cervantes.

ESTRUCTURA DEL LIBRO

El libro tiene una primera parte donde se ofrece una descripción general de la obra, una explicación de la estructura del examen, del tiempo de cada prueba, de la puntuación, de la calificación necesaria para obtener el diploma B1 y estrategias y consejos para llevar a cabo el examen con éxito. Al final de esta sección se incluyen las escalas para la evaluación de las diferentes pruebas.

Después de la introducción, presentamos seis exámenes completos a modo de unidades temáticas. El examen DELE B1 no es temático, sino que cada apartado es variado en cuanto al campo léxico se refiere. Sin embargo, hemos seguido un tema central porque consideramos que favorece la adquisición de expresiones y vocabulario. Para la confección de estos exámenes hemos utilizado en muchos casos textos reales y en algunas ocasiones hemos tenido que adaptarlos al nivel B1.

Los ámbitos y temas del contenido de este libro son los siguientes:
Examen 1: Profesiones y trabajo
Examen 2: Ocio y tiempo libre
Examen 3: Lengua y comunicación
Examen 4: Comida y gastronomía
Examen 5: Viajes y vacaciones
Examen 6: Ciencia y salud

Al final de cada examen están **las claves** de las tareas de las pruebas de comprensión lectora y de comprensión auditiva, con explicaciones cuando es oportuno. En la solución aparece la parte del texto necesario para entender la respuesta. Asimismo, al final del libro hay un apartado donde aparecen todas las **transcripciones** de los textos.

El libro va acompañado de un CD audio con todas las grabaciones de la prueba de comprensión auditiva de cada examen.

Objetivo DELE B1 puede usarse de forma autónoma o en clase, donde el profesor puede realizar la simulación de pruebas reales para ayudar al estudiante a preparar el examen correctamente.

DESCRIPCIÓN GENERAL DEL EXAMEN Y ALGUNOS CONSEJOS

El objetivo de los consejos que se ofrecen en esta introducción es proporcionar estrategias y herramientas que contribuyan a preparar mejor el examen DELE para el nivel B1 y así superarlo con éxito. Por supuesto que, para pasar cada una de las pruebas del examen, es necesario poseer competencia para hacerlo.
Se incluye aquí la información proporcionada en la página del Instituto Cervantes (dele.cervantes.es) en la que se describen las características del examen. No obstante, se recomienda consultar esta página antes de la convocatoria de examen DELE al que el candidato vaya a presentarse por si se ha efectuado algún cambio.
Los párrafos siguientes contienen los pormenores del examen. Se recomienda leer con cuidado estos contenidos: al candidato saber a qué se va a enfrentar le proporcionará seguridad y tranquilidad. Los seis modelos de examen que recoge este volumen tratan de reproducir las directrices de las especificaciones establecidas para el DELE del nivel B1.

EL EXAMEN DELE B1

El examen DELE B1 evalúa, por medio de distintas pruebas y una serie de tareas, conocimientos y destrezas en diferentes actividades comunicativas de la lengua: la comprensión, la expresión y la interacción, contextualizadas en los ámbitos personal, público, educativo y profesional.
El repertorio de contenidos lingüísticos que pueden ser incluidos en el examen DELE B1 se recoge en el documento *Niveles de referencia para el español (NRE)*, desarrollado por el Instituto Cervantes a partir de las escalas de descriptores que proporciona el *MCER*. En los *NRE* se proporcionan una serie de inventarios de material lingüístico que el candidato habría de ser capaz de manejar, de forma productiva o receptiva, para situarse en dicho nivel de competencia lingüística en español.
Las competencias comunicativas de la lengua que recogen los contenidos del examen DELE B1 se desglosan en los *NRE* en componentes e inventarios de la siguiente forma:

- Componente gramatical, que incluye gramática (morfosintaxis), pronunciación y prosodia y ortografía.
- Componente pragmático-discursivo, que incluye funciones, tácticas y estrategias pragmáticas y géneros discursivos y productos textuales.
- Componente nocional, que se refiere a las nociones generales y específicas: es decir: el vocabulario.

Las especificaciones completas de los contenidos de los niveles de referencia recogidos en el Plan curricular del Instituto Cervantes se pueden ver en:
cvc.cervantes.es/Ensenanza/biblioteca_ele/plan_curricular/default.htm
Respecto de la norma lingüística adoptada, en los textos de entrada –tanto orales como escritos– utilizados en el examen DELE B1 se emplean textos de diversas fuentes y de diferentes variedades del español. En los textos que produce el candidato, será considerada válida toda norma lingüística hispánica seguida coherentemente y respaldada por grupos amplios de hablantes cultos.

ESTRUCTURA DEL EXAMEN DELE B1

Prueba 1: Comprensión de lectura		
70 minutos 5 tareas 30 ítems	Tarea 1 (6 ítems) Tarea 2 (6 ítems) Tarea 3 (6 ítems) Tarea 4 (6 ítems) Tarea 5 (6 ítems)	25 %
Prueba 2: Comprensión auditiva		
40 minutos 5 tareas 30 ítems	Tarea 1 (6 ítems) Tarea 4 (6 ítems) Tarea 2 (6 ítems) Tarea 5 (6 ítems) Tarea 3 (6 ítems)	25 %
Prueba 3: Expresión e interacción escritas		
60 minutos 2 tareas	Tarea 1. Interacción escrita Tarea 2. Expresión escrita	25 %

Prueba 4: Expresión e interacción orales		
15 minutos (preparación: 15 minutos) 4 tareas	Tarea 1. Realizar una presentación breve. Tarea 2. Participar en una conversación. Tarea 3. Describir una fotográfica y participar en una conversación. Tarea 4. Dialogo en situación simulada.	25 %

PRUEBA 1 COMPRENSIÓN DE LECTURA

- El candidato dispone de 70 minutos para realizar 5 tareas de Comprensión de lectura. Cada tarea consta de 6 ítems, lo que suma un total de 30 ítems. Las respuestas correctas reciben 1 punto y las incorrectas 0 puntos. No se penalizan las respuestas incorrectas. La puntuación obtenida en esta prueba constituye un 25 % de la puntuación total.
- Todas las tareas son de respuesta cerrada: es decir, hay que elegir entre las opciones propuestas. Se trata de ítems de respuesta preseleccionada: selección múltiple (con tres opciones de respuesta), correspondencias (relacionar textos con enunciados sencillos), completar huecos con frases eliminadas y *cloze* cerrado: un texto con huecos que se deben completar con una de las tres opciones de respuesta.
- En el examen DELE, la opción elegida se marca en la hoja de respuestas.
- Los textos tratan acerca de temas de interés general: profesiones y trabajo, ocio y tiempo libre, viajes y transportes, salud y alimentación, etc. Los textos de lectura son textos auténticos, adaptados cuando es necesario para que la mayoría de las estructuras gramaticales y vocabulario sean accesibles a los candidatos de este nivel. Alguna tarea puede incluir, en vez de un solo texto, varios fragmentos o textos más breves.

CONSEJO

Lea las respuestas que se proponen antes de leer el texto. Esto le permitirá anticipar de qué trata y enfocarse en las partes del texto en las que debe buscar la información relevante para resolver la tarea. Además, normalmente (aunque no siempre), las preguntas se presentan en el mismo orden en el que avanza el texto.

Tarea 1

La tarea consiste en relacionar las declaraciones de personas o enunciados con textos.
En esta tarea se evalúa la capacidad del candidato para extraer la idea principal e identificar información específica en textos breves.
El tipo de texto que se incluye suele ser anuncios publicitarios, cartelera, mensajes personales y avisos de los ámbitos personal, público, profesional y académico, con una extensión de entre 40 y 60 palabras cada uno.

RECUERDE

En esta prueba hay tres opciones que no se deben seleccionar: funcionan como distractores y contienen alguna palabra o información que aparece en los textos con el fin de que el candidato tenga que utilizar estrategias lectoras y su competencia comunicativa para seleccionar la información relevante y verdadera.

Tarea 2

La tarea consiste en leer un texto y responder a las preguntas de selección múltiple seleccionando una de las tres opciones de respuesta.
En esta tarea se evalúa la capacidad del candidato para extraer las ideas esenciales e identificar información específica en textos informativos simples.

El tipo de texto que se incluye suele ser un texto informativo de los ámbitos público y académico, con una extensión de entre 400 y 450 palabras.

Tarea 3

La tarea consiste en relacionar los tres textos de entrada con preguntas o enunciados.

En esta tarea se evalúa la capacidad del candidato para localizar información específica en textos descriptivos, narrativos o informativos.

Los textos suelen consistir en anécdotas, información práctica de guías de viajes, experiencias, noticias, diarios, biografías, ofertas de trabajo..., del ámbito público, y su extensión oscila entre las 100 y 120 palabras cada uno.

Tarea 4

La tarea consiste en completar párrafos de un texto al que se le habrán eliminado frases, con enunciados breves que constituyen las partes eliminadas.

En esta tarea se evalúa la capacidad del candidato para reconstruir un texto a partir de sus elementos de cohesión.

Los textos que encontrará serán del tipo catálogos, instrucciones, recetas sencillas, consejos y textos narrativos..., de los ámbitos público y personal, y su extensión será de entre 400 a 450 palabras aproximadamente.

CONSEJO

Lea bien los enunciados que constituyen las partes eliminadas antes de leer el texto para reconstruirlo. Recuerde que la cohesión entre unas partes y otras puede depender de conectores morfosintácticos como conjunciones, pero también léxicos (sinónimos) y referenciales (pronombres).

Una vez reconstruido el texto, léalo completo para ver si tiene sentido.

Recuerde que en esta tarea hay dos enunciados que solo son distractores y no tienen cabida en el texto.

Tarea 5

La tarea consiste en leer un texto y completar los huecos seleccionando una de las tres opciones de respuesta para cada uno de ellos.

En esta tarea se evalúa la capacidad del candidato para identificar y seleccionar estructuras gramaticales para completar textos epistolares sencillos (una variedad de tipos de cartas), pero también podrían aparecer otros textos de similares características en su contenido y extensión. Los temas estarán relacionados con los ámbitos público y personal y su extensión es de entre 150 y 200 palabras.

PRUEBA 2 COMPRENSIÓN AUDITIVA Y USO DE LA LENGUA

La prueba de Comprensión auditiva se presenta junto con la prueba de Comprensión de lectura en un único cuadernillo donde aparecen las instrucciones y las preguntas de cada tarea. Las instrucciones a los candidatos en la grabación son las mismas que las instrucciones que aparecen en el cuadernillo de examen. Los textos orales están grabados en un CD y cada uno se reproduce dos veces. Hay pausas antes y después de las audiciones para que los candidatos puedan leer las preguntas y escribir sus respuestas.

- El candidato dispone de 40 minutos para realizar las 5 tareas de Comprensión auditiva. Cada tarea consta de 6 ítems, lo que suma un total de 30 ítems. Las respuestas correctas reciben 1 punto y las incorrectas 0 puntos. No se penalizan las respuestas incorrectas. La puntuación obtenida en esta prueba constituye un 25 % de la puntuación total.
- Todas las tareas tienen ítems discretos de respuesta preseleccionada: selección múltiple (con tres opciones de respuesta) y correspondencias (relacionar textos o imágenes con enunciados sencillos).
- En el examen DELE, la opción elegida se marca en la hoja de respuestas.

- Los textos están grabados en un estudio para simular el lenguaje hablado real y la mayoría de las estructuras gramaticales y vocabulario son accesibles a los candidatos de este nivel. Alguna tarea puede incluir, en vez de un solo texto, varios fragmentos o microdiálogos.

Tarea 1

La tarea consiste en escuchar seis textos y responder a una pregunta de selección múltiple sobre cada uno de ellos seleccionando una de las tres opciones de respuesta.

En esta tarea se evalúa la capacidad del candidato para captar la idea principal en textos breves de entre 40 y 60 palabras cada uno, de tipo promocional o informativo.

El tipo de textos suele ser monólogos cortos: anuncios publicitarios, mensajes personales, avisos..., de los ámbitos personal y público.

Tarea 2

La tarea consiste en escuchar un texto, cuya extensión oscila entre las 400 y 450 palabras, y responder a las preguntas de selección múltiple, seleccionando una de las tres opciones de respuesta.

En esta tarea se evalúa la capacidad del candidato para captar la idea esencial y extraer información detallada de un monológo de extensión larga, que describe experiencias personales del hablante en asuntos relacionados con los ámbitos personal, público, profesional y académico.

Tarea 3

La tarea consiste en escuchar un texto, de entre 350 y 400 palabras en total, y responder a las preguntas de selección múltiple, seleccionando una de las tres opciones de respuesta.

En esta tarea se evalúa la capacidad del candidato para comprender la idea principal de un texto informativo, simulando un programa informativo de radio o televisión con seis noticias.

Tarea 4

La tarea consiste en relacionar enunciados con seis textos, de entre 50 y 70 palabras cada uno, que consisten en monólogos o conversaciones de carácter informal en los que se cuentan anécdotas o experiencias personales sobre un mismo tema.

En esta tarea se evalúa la capacidad del candidato para captar la idea general de monólogos o conversaciones breves informales.

Tarea 5

La tarea consiste en escuchar una conversación de unas 250 o 300 palabras entre dos personas, y responder a las preguntas de selección múltiple, seleccionando una de las tres opciones de respuesta.

En esta tarea se evalúa la capacidad del candidato para reconocer información específica en conversaciones informales.

PRUEBA 3 EXPRESIÓN E INTERACCIÓN ESCRITAS

- La prueba consta de dos tareas: una de interacción y una de expresión.
- El candidato dispondrá de un total de 60 minutos para redactar los dos textos que se le piden. Los escribirá en el espacio reservado para cada tarea en el cuadernillo correspondiente.
- Los textos producidos se calificarán de acuerdo a dos tipos de criterios: se dará una calificación holística y una calificación analítica a la actuación del candidato en cada una de las tareas. La calificación holística es un 40 % de la calificación final y la calificación analítica el 60 % restante. En la calificación analítica las dos tareas se valoran igual.
- La prueba de Expresión e interacción escritas se presenta en un único cuadernillo donde aparecen las tareas y en el que se deben redactar las respuestas.

CONSEJO

Puesto que el candidato será evaluado de acuerdo con un criterio holístico y otro analítico, le conviene familiarizarse con los descriptores de cada uno de ellos para ser consciente de lo que se espera de su actuación por escrito. Los puede encontrar al final de esta introducción.

Por una parte, tendrá que cumplir los objetivos funcionales de la tarea, pero también tendrá que atender a la corrección gramatical y al alcance del léxico utilizado.

Tarea 1

La tarea consiste en redactar una carta o un mensaje de foro, correo electrónico o blog..., que puede incluir descripción o narración y que tendrá una extensión entre 100 y 120 palabras.

En esta tarea se evalúa la capacidad del candidato para producir un texto informativo sencillo y cohesionado, a partir de la lectura de un texto breve –relacionado con los ámbitos público y privado– en forma de nota, anuncio, carta o mensaje, correo electrónico, foro, muro de una red social o blog.

Ejemplo de registro formal

Usted ha recibido el siguiente correo electrónico de la empresa a la que ha enviado una solicitud de empleo:

Estimado Sr./Sra. García:

Le escribo en nombre de Tagona Asociados para comunicarle que su solicitud para el empleo anunciado en la página www.todoempleos.com ha sido seleccionada.

El departamento de Recursos Humanos de la empresa necesita algo más de información sobre usted y su disponibilidad antes de citarlo para una entrevista con nuestro jefe de personal.

Le rogamos que conteste a esta dirección a la mayor brevedad posible, incluyendo la siguiente información:

- su situación familiar;
- sus preferencias de horario laboral;
- su disponibilidad para viajar;
- su capacidad para adaptarse a nuevos lugares.

Dado que este puesto requiere el conocimiento de los idiomas inglés y chino de nivel B2 mínimo, le rogamos que aporte certificados originales de su competencia en estas lenguas, aunque si usted es hablante nativo de ellas o las ha adquirido fuera del aula y carece de certificados, le haremos una prueba de nivel en la empresa.

Recuerde que debe contestar en el plazo de tres días después de la recepción de este correo.

Atentamente,

Yolanda Pereda

Coordinadora de Recursos Humanos

Enviar

Posible respuesta comentada

Advertencia previa

Las estrategias que se recomiendan para la redacción del texto están enfocadas a conseguir lo que el texto propone. Así, si se trata de una solicitud de empleo, la persona que contesta lo hará tratando de demostrar que es la persona idónea para ese trabajo y para probarlo dará información de su competencia, de su flexibilidad para horarios y desplazamientos, etcétera.

> En una carta o correo electrónico formal –solicitud de empleo o de una beca, por ejemplo– lo mejor es utilizar *estimada o estimado* para encabezar el texto.
> *Estimada Yolanda Pereda* o *Estimada Sra. Pereda* o indicar su posición: *Estimada Sra. Coordinadora* o *Directora*, etc. Si tiene que escribir a alguien que no conoce, o de quien no sabe el nombre, puede usar *Estimados señores*.
> Se adoptará la forma *usted* o *ustedes* para el tratamiento.

> Conviene dar las gracias siempre, pero especialmente en un texto de carácter formal.

> Si anuncia lo que va a hacer –proporcionar la información–, el texto resultará más claro.
> En vez del verbo *proporcionar* se puede usar *dar* y en vez de *solicitar*, *pedir*.

Estimada Yolanda Pereda:

Gracias por su correo.

Paso a proporcionarle la información que me solicita.

Actualmente, **estoy casada** y tengo dos hijas pequeñas, **pero** mi marido trabaja en casa y tiene su propio horario, así que puede ocuparse de las niñas.

> Debe incluir: estoy casado/-a o soltero/-a y, cómo su situación no va a interferir en su trabajo. Si está casado/-a y con hijos como en el ejemplo, puede explicar que su esposa/-o, su madre, o una niñera se va a ocupar de la familia. Si es soltero/-a, puede justificar fácilmente que al estar solo puede disponer de su vida porque nadie depende de usted.

Yo prefiero un horario de mañana: trabajar entre las 8:00 y las 16:00, **pero** puedo adaptarme a otro horario diferente de este.

> Puede especificar el horario que prefiere (como en el ejemplo) y aclarar que el horario no es un problema para usted, o directamente puede decir que no tiene preferencias de horario.

También tengo disponibilidad para viajar cualquier día de la semana.

Me resulta fácil adaptarme a nuevos países y culturas **porque** he vivido en tres países diferentes y eso nunca ha sido un problema para mí.

> Respecto de la disponibilidad para viajar, puede decir que no tiene problemas para viajar, o especificar cuándo puede y cuándo no puede. También debe mostrar flexibilidad para adaptarse a nuevos países, culturas, etcétera.

No tengo certificados de los idiomas chino ni inglés, pero el inglés es una de mis lenguas maternas: soy bilingüe porque mi madre es australiana y siempre me habló en inglés. Y además he realizado estudios de posgrado en el Reino Unido y Estados Unidos.

> Para el requisito de los certificados, la persona puede decir que los tiene y que los llevará y, en ese caso, conviene incluir cuándo los obtuvo y señalar que sus resultados fueron excelentes, además de que tiene la competencia requerida en esas lenguas. Puede añadir que puede llevar cartas de sus profesores, o certificados de estancia en centros académicos en los países donde se hablan esas lenguas.

También hablo chino con fluidez, porque viví en Shanghái (China) de pequeña y aunque fui a un colegio internacional, hablaba chino con mis compañeros. Después, he tenido profesores particulares de chino y he viajado a China con frecuencia.

Pueden hacerme una prueba de idiomas para comprobar mi competencia en estas lenguas.

Espero sus noticias.

Un saludo,

Amanda de Pardo

Enviar

> Antes de usar una palabra o expresión de despedida, conviene incluir: *Espero sus noticias,* o *Quedo la espera de sus noticias.* Y despedirse con: *Un saludo, Un saludo cordial.*

CONSEJOS

Estructura:

- Empiece y termine el texto correctamente.
- Conteste a los requisitos que se le piden, separando la información por frases y por párrafos.
- Utilice oraciones claras y sencillas bien estructuradas.

Palabras y expresiones clave para la redacción de un texto similar:

- *estar + casado/-a, soltero/-a...*
- *soy* + adjetivos que describen: *soy bilingüe/ flexible...*
- *pero, sin embargo*: si se va a oponer una idea a lo que se ha dicho antes;
- *porque* para dar una explicación y justificar.

Control gramatical:

- El verbo *ser* con adjetivos expresa las cualidades que un sujeto tiene (siempre o en ese momento) y lo describen, lo identifican: *Mi madre* ***es*** *australiana*. Especificar la nacionalidad de alguien sirve para definirlo o para caracterizarlo.
- El verbo *estar* indica un estado: ***Estoy*** *casada. Casada* es el resultado de *casarse*. Con *soltero* podemos decir *está*, pero también *es*.
- El español es una lengua muy redundante: los artículos, determinantes y adjetivos deben tener el mismo género y el mismo número que el sustantivo al que se refieren. La concordancia es muy importante, y en la lengua escrita se debe cuidar especialmente. También se da concordancia entre el verbo y su sujeto.
- En la lengua escrita, es importante la corrección de las formas: especialmente la conjugación de las formas verbales.
- Al escribir una carta o un correo electrónico, es posible que aparezca la función de narrar en el pasado. Recuerde que los hechos, las acciones que mueven la historia van en pretérito perfecto simple (pretérito indefinido); mientras que la descripción de la situación, se expresa en pretérito imperfecto.
- Es importante que escriba las tildes sobre las vocales de la sílaba tónica que la requieran. En español el acento tiene función distintiva: no es lo mismo: *hablo* que *habló*.

Control léxico:

- Use el léxico adecuado a la situación. Es mejor que use palabras de las que conoce bien su alcance, que intente usar palabras de las que no está muy seguro.
- Intente no repetir muchas veces la misma palabra, si es posible.
- No utilice léxico coloquial si es un texto formal: solicitudes de empleo o becas, carta al director de un periódico, etcétera.

Presentación:

- Escriba con letra clara e inteligible.
- Recuerde incluir los signos de puntuación adecuados.

Ejemplo de registro informal

¡Hola Isabel!
El viernes me voy de viaje con mi novio. Estaremos fuera un par de semanas. O sea que, si quieres, puedes instalarte en mi nuevo apartamento mientras pintan el tuyo. Todavía no lo conoces y es precioso. Muy moderno y con mucha tecnología. No necesitas llave para entrar: la puerta se abre con una clave.
¿Qué te parece el plan?
Te he llamado por teléfono un montón de veces, pero no contestas. Dime algo pronto. El viernes es mañana.

Besos,
Patricia

Enviar

Posible respuesta comentada

En un correo electrónico, así como en una nota que se deja a un compañero de casa, o a un comentario en un blog, o foro, si el registro es informal es común decir ¡Hola! Y el nombre de la persona, o ¡Hola, amiga! o ¡Hola, amigos! El registro informal permite una variedad de entradas, o incluso prescindir de ella y entrar directamente al texto. También es frecuente usar apócopes del nombre (Patri, Isa) o diminutivos, o apelativos de afecto.
Normalmente los interactuantes usarán la forma *tú* para tratarse.

¡Hola, Patri!
Bueno, primero de todo te pido disculpas por no contestar al teléfono. Resulta que hace dos días estaba subiendo las escaleras de casa, el suelo estaba mojado y me resbalé, como iba hablando, el teléfono se me cayó al suelo y no funciona. Tengo que comprar otro.

Conviene pedir disculpas por no contestar al teléfono e incluir una explicación de por qué. La explicación es, en este caso, una breve narración en el pasado que incluye descripción de una situación (*estaba subiendo, estaba mojada*) y acción (*resbalé, se me cayó*).

¡Qué buenas noticias! Tus vacaciones con tu novio y la posibilidad de estar en tu apartamento mientras pintan el mío. El plan que propones me encanta. Muchas gracias.

En este párrafo Isa reacciona al correo y a la propuesta de Patri. Es una muestra de interacción. Esta prueba es de expresión escrita con interacción, por lo tanto, es importante dar muestras de que se está interaccionando.

Necesito que me expliques algunas cosas. La dirección la tengo, pero me gustaría saber si tienes garaje en el edificio para guardar mi coche: necesito llevar una maleta con mi ropa, otra con libros, el ordenador, un montón de cosas.

Este párrafo también refleja y promueve la interacción. Si Isa acepta el ofrecimiento de Patri para quedarse en su casa, necesita más información. Está dando entrada para que Patri le conteste en otro correo

Menos mal que no necesito llave para entrar porque ya no tenemos tiempo de vernos, si te vas mañana. Pero, me tienes que explicar cómo funciona toda esa tecnología que dices. Y tendrás que decirme la clave para entrar en el apartamento.

Otro ejemplo de interacción. Isa comenta el asunto de la llave. Y da entrada a que Patri le conteste.

Escríbeme un correo que sigo sin teléfono.

Una petición de nuevo correo, lo cual supone más interacción.

Muchos besos,
Isa

Las despedidas en los textos informales son muy variadas. A menudo incluyen muestras de afecto, como *besos, abrazos, un abrazo fuerte, besos y abrazos, muchos besos*, etc., pero, en realidad, se puede incluir lo que se quiera.

Enviar

CONSEJOS

Estructura:

- Empiece y termine el texto de manera adecuada, aunque en los correos, notas, etc., de registro informal, los comienzos y finales pueden ser muy variados y no se adoptan fórmulas tan estables como en los textos más formales.
- Reaccione con explicaciones o más preguntas o peticiones a las preguntas del texto inicial. De esta manera se promueve la interacción.
- Separe la información por frases y por párrafos.
- Utilice oraciones claras y sencillas bien estructuradas.

Palabras y expresiones clave para la redacción de un texto similar:

- *Te pido disculpas por... perdona por... siento no... contestar o haber contestado.*
- *pero, sin embargo*: si se va a oponer una idea a lo que se ha dicho antes;
- *porque* para dar una explicación y justificar.

Control gramatical:

- Utilización de los tiempos del pasado pretérito imperfecto y pretérito perfecto simple (pretérito indefinido) para construir una narración, para contar algo en el pasado. Recuerde que los hechos, las acciones que mueven la historia, van en pretérito perfecto simple; mientras que la descripción de la situación se expresa en pretérito imperfecto.
- En la lengua escrita, es importante la corrección de las formas: especialmente la conjugación de las formas verbales. En esta tarea: pretérito imperfecto y pretérito perfecto simple.
- Es importante que escriba las tildes sobre las vocales de la sílaba tónica que la requieran. En español el acento tiene función distintiva: no es lo mismo: *hablo* que *habló.*

Control léxico:

- Use el léxico adecuado. Es mejor que use palabras de las que conoce bien su alcance, a que intente usar palabras de las que no está muy seguro.
- Intente no repetir muchas veces la misma palabra, si es posible.
- En este contexto es aceptable el uso de lengua coloquial, expresiones idiomáticas, etcétera.
- Se pueden usar palabras de relleno, como *bueno, pues* o dirigirse directamente a la otra persona con palabras como *oye, fíjate* que son recursos frecuentes en la interacción oral.

Presentación:

- Escriba con letra clara e inteligible.
- Recuerde incluir los signos de puntuación adecuados.

Tarea 2

Esta tarea consiste en redactar una composición, redacción, entrada de diario, biografía..., que puede incluir descripción o narración, presentación de información y opinión personal, de entre 130-150 palabras, relacionada con los ámbitos personal y público. Se ofrecen dos opciones, de las que hay que elegir una.

En esta tarea se evalúa la capacidad del candidato para redactar un texto descriptivo o narrativo en el que se exprese opinión y se aporte información de interés personal, relacionada con experiencias personales, sentimientos, anécdotas...

Se proporciona una noticia breve de una revista, blog o red social, para contextualizar y promover la interacción.

OPCIÓN 1

blogger — Inicio Blog Contacto

Blog de los vecinos del barrio de Las Flores

1 agosto, Por Paula Guzman

Somos un grupo de vecinos del barrio de Las Flores que hemos creado este blog para recoger las opiniones de los vecinos sobre el barrio. Creemos que si recogemos las opiniones de todos, podremos usar esa información para identificar las necesidades de nuestro barrio y así intentar mejorar la vida de los vecinos, si nos escucha el Ayuntamiento, claro.
Esperamos vuestras noticias.

Posible respuesta comentada

Como son vecinos, y se supone que se está buscando la complicidad de todos, se puede usar un saludo informal y adoptar la forma *tú* y su plural *vosotros* para el tratamiento.

blogger — Inicio Blog Contacto

¡Hola, vecinos del barrio!
Me alegro de tener este espacio para decir lo que pienso del barrio. En primer lugar, quiero decir que no entiendo por qué se llama de «Las Flores». Vivo aquí desde hace más de veinte años y solo he visto las flores de plástico que venden en la tienda de la esquina de mi calle. A lo mejor las había antes, pero ahora: ni una.
Cuando yo vine a vivir al barrio, no había flores, pero era muy tranquilo. Los edificios eran de tres o cuatro pisos y casi todos nos conocíamos. Había pocos coches y los niños podían jugar en la calle. Pero todo cambió, cuando un día abrieron la oficina central de Tráfico. Construyeron ese edificio horrible de doce pisos que ocupa una manzana entera y el barrio se llenó de coches, de contaminación y de ruido.
Creo que deben quitar esa oficina de nuestro barrio, tirar ese edificio horrible y hacer en su lugar un parque. Así volverá la tranquilidad y tendremos, por fin, flores.

Descripción de la situación del que escribe: muestra un sentimiento: *me alegro*, en este caso. En otros podría ser: *no me gusta, me molesta, me parece mal o me parece bien*. Es decir, mostrar algún sentimiento o emitir un juicio de valor.
Así cumple uno de los requisitos de la tarea de dar información de interés personal.

Este párrafo se enfoca en la narración: cuenta cómo **era** el barrio. Los verbos en pretérito imperfecto sirven para esta función descriptiva. Con marcadores como, *de repente* o *un día*, que concretan, se introduce acción y el relato avanza.

El párrafo final recoge la opinión de la persona que escribe. Y apoya su opinión añadiendo lo que se debe hacer.
No es necesaria una despedida explícita puesto que no es una carta.

OPCIÓN 2

En su lugar de trabajo han creado una página web porque dentro de seis meses se celebra el 50 aniversario de su fundación. Han pedido a los empleados que escriban su experiencia con la compañía, cuándo llegaron, si han cambiado de trabajo dentro de la empresa, que tipo de jefes han tenido, si recuerdan a algún jefe en particular...

Posible respuesta comentada

Soy Clara Espinosa. Entré en la empresa con 18 años recién cumplidos. Era la chica de las fotocopias. A veces los jefes o mis superiores, que eran todos, también me mandaban a comprarles café o bocadillos.

> En el primer párrafo de este texto ya se adivina que se trata de una narración.
> Se cuenta un hecho concreto *entré* y después se interrumpe la acción para insertar una descripción *era la chica de, que eran todos* o una acción habitual en el pasado: *me mandaban*.

Pero yo era, y soy, una chica lista y trabajadora, sobre todo muy estudiosa. Cuando salía de trabajar, me ponía a estudiar y en tan solo cinco años hice la carrera de Económicas.

> Sigue el mismo tipo de estructura narrativa: descripción: *yo era*; acciones habituales: *me ponía a estudiar.*

Un día, el director del área de presupuestos me pidió unas fotocopias y yo se las hice, claro. Cuando volví a su despacho para dárselas, metí entre ellas mi proyecto final de la carrera. Él lo encontró y lo leyó. Al día siguiente me llamó y me dijo que a partir de ese momento yo iba a ser su colaboradora, con el puesto de directora adjunta. ¡No podía creerlo! Solo tenía 24 años y ya me nombraba directora adjunta.

> En este párrafo está el nudo de la historia. Con *un día*, se anuncia un día especial, un hecho concreto. Hay mucha acción e información que se consigue con la secuenciación de los verbos en pretérito perfecto simple.

Siempre estaré agradecida a este director que me dio esta gran oportunidad.

> Conclusión: se recoge el sentimiento: *siempre estaré agradecida.*

Ahora soy la directora general de la empresa y quería compartir con todos mi experiencia. En esta empresa todo es posible con esfuerzo y dedicación.

Enviar

CONSEJOS

Cualquiera de las dos opciones de esta tarea tiene un objetivo similar. Con la opción 1 (el comentario en el blog) hay más oportunidades para dar opinión, expresar gustos, contar anécdotas. Si se opta por la opción 2 (una experiencia biográfica), el texto se puede resolver con la narración de hechos en el pasado y algo de descripción.

Estructura:

- Estructure el texto siguiendo las pautas que le marca el texto de partida. En la opción 2, el orden vendrá dado por la cronología de los hechos.
- Ordene la información por frases y por párrafos.
- Utilice oraciones claras y sencillas bien estructuradas.

Control gramatical:

- Uso de verbos de opinión: *yo creo que..., me parece que...*, que llevan indicativo en la subordinada.
- Uso de verbos de sentimientos: *me alegro de que...* que llevan subjuntivo en la subordinada.

- Utilización de los tiempos del pasado pretérito imperfecto y pretérito perfecto simple (pretérito indefinido) para construir una narración, para contar algo en el pasado. En la biografía van a predominar los verbos en pretérito perfecto simple.
- En la lengua escrita, es importante la corrección de las formas: especialmente la conjugación de las formas verbales. En esta tarea: pretérito imperfecto y pretérito perfecto simple.

Control léxico:
- Use el léxico adecuado a la situación. En la opción 1, el léxico incluye palabras como *barrio, calle, tráfico, ruido*. Mientras que en la opción 2, tiene que ver con trabajo: *despacho, jefe, empresa*, etcétera.
- Es mejor que use palabras de las que conoce bien su alcance, no intente usar palabras de las que no está muy seguro.
- Intente no repetir muchas veces la misma palabra, si es posible. Use pronombres cuando sea posible: eso hace el texto más ligero y fluido.
- En este nivel (B1) es mejor optar por un registro neutro en la mayoría de textos.

Presentación:
- Escriba con letra clara e inteligible.
- Recuerde incluir los signos de puntuación adecuados.

PRUEBA 4 EXPRESIÓN E INTERACCIÓN ORALES

La prueba consta de cuatro tareas: una de expresión, dos de interacción y una de expresión e interacción.

TAREA 1. Es de expresión. Consiste en realizar una presentación breve. El candidato deberá hablar entre 2 y 3 minutos, sobre un tema que elegirá de entre dos propuestos.

TAREA 2. Es de interacción. Consiste en participar en una conversación con el evaluador. El candidato debe dialogar con el entrevistador entre 3 y 4 minutos, sobre el tema elegido para la presentación de la tarea 1.

TAREA 3: Es de expresión e interacción. El candidato deberá elegir una fotografía, de entre dos que se le propondrán y describirla durante uno o dos minutos. Después, el entrevistador le hará algunas preguntas a partir del tema de la fotografía.

TAREA 4: Es de interacción. El candidato deberá dialogar con el entrevistador en una situación simulada durante dos o tres minutos.
El candidato dispondrá de 15 minutos para preparar las Tareas 1 y 2. Podrá tomar notas y escribir un esquema de su exposición y lo podrá consultar durante el examen; pero, en ningún caso deberá leer el esquema.

RECUERDE

Al inicio de la prueba se realizan una serie de preguntas de contacto que tienen como objetivo romper el hielo y que el candidato se tranquilice.

Esta prueba se evalúa sobre la marcha. El candidato habla e interacciona con un examinador al que ve, pero en otro lugar del aula del examen se encuentra un evaluador, al que no ve, que aplica las bandas analítica y holística (ver al final de esta introducción) a la actuación del candidato.

CONSEJO

Cuando tenga que elegir un tema del que hablar, piense bien acerca de para cuál tiene más recursos. No se deje guiar por sus gustos o aficiones, piense qué tema conoce mejor y en cuál posee más recursos lingüísticos para llevarlo a cabo.
Justifique su elección empezando con algo como: *He elegido este tema porque...* o *Voy a hablar de este tema porque...* O también, si los temas le resultan desconocidos, puede decir: *No sé mucho de estos temas, pero voy a...*
En este examen no van a evaluar sus conocimientos sobre un tema, el objetivo es que usted produzca lengua, una muestra de lengua que permita ser evaluada. Por eso conviene que se familiarice con las bandas analítica y holística para saber qué es lo que el evaluador va a tener en cuenta.
El evaluador se va a fijar en: si usted cumple los puntos de orientación para la resolución de la tarea; la corrección gramatical; la adecuación léxica; y cierto grado de fluidez. Para más detalle, mire los descriptores de las bandas analítica y holística. Para superar el nivel B1, debe poder hacer lo que se especifica en la banda 2.
Antes del examen, practique las pruebas de expresión e interacción orales. Si puede, grábese y escúchese: es una buena manera de ser consciente de su habilidad pragmática (el uso de la lengua), de detectar errores formales de morfología y sintaxis – estos son realmente importantes si interrumpen la comunicación –, y de fijarse en la pronunciación. Grabarse también es una buena manera de controlar el tiempo asignado para la resolución de la prueba.

Tarea 1

Realizar una presentación breve (2-3 minutos), sobre uno de los dos temas propuestos.
En esta tarea se evalúa la capacidad del candidato para realizar una breve presentación ensayada en la que dé su opinión, describa sus experiencias o hable de sus deseos respecto a un tema o a un titular que se le proporciona previamente.

Tema
¿Vivir en el campo o en la ciudad?

- Explique por qué prefiere el pueblo o la ciudad y por qué le gustaría vivir ahí.
- Qué es lo que elegiría de cada lugar para tener el sitio ideal.
- Qué haría en cada lugar.
- Experiencias de otras personas.

Posible respuesta comentada

Introducción	*Yo siempre he vivido en la ciudad. Creo que prefiero vivir ahí porque estoy acostumbrado. En una gran ciudad hay de todo y eso es importante.*
Desarrollo	*En las grandes ciudades pasan muchas cosas: hay teatros, museos, restaurantes, discotecas, parques, universidades, tiendas... y muchas oportunidades de conocer gente.* *También hay aeropuerto, estaciones de tren y transportes públicos.* *Las ciudades son diversas y hay gente de culturas diferentes, se puede tomar comida de muchos países y pasarlo bien.* *Es verdad que las ciudades también tienen aspectos negativos. Hay muchos coches y mucha contaminación. También hay mucho ruido. La gente muchas veces no es amable porque tiene mucha prisa.* *Mi abuela vive en un pueblo pequeño que es muy bonito. Tiene una casa grande con un jardín. A veces voy los fines de semana cuando necesito relajarme, pero no puedo quedarme mucho tiempo en el pueblo porque me aburro.*

Conclusión | *Yo prefiero vivir en una gran ciudad y poder disfrutar de todo lo que ofrece, pero me gusta ir al pueblo de la abuela para estar tranquila y respirar aire puro.*

CONSEJO

No olvide:

- diferenciar las partes de su exposición: introducción, desarrollo y conclusión final;
- ordenar y relacionar bien las ideas;
- justificar sus opiniones y sentimientos.

Tarea 2

Usted deberá conversar con el entrevistador sobre el tema de la Tarea 1 durante tres o cuatro minutos.

En esta tarea se evalúa la capacidad del candidato para participar en una conversación sobre el tema de la tarea 1 en la que el entrevistador preguntará por su opinión o su experiencia personal.

Ejemplos de preguntas del examinador

Las preguntas se relacionan con el tema 1 de la Tarea 1.

- *Usted ha dicho que vive en una gran ciudad: ¿cuál es? ¿dónde está?*
- *¿Desde cuándo vive en esta ciudad?*
- *¿Le gustaría seguir viviendo ahí?*
- *¿Le gustaría conocer o vivir en alguna gran ciudad de un país en el que se habla español?*

Estrategias para responder a las preguntas

- Explique dónde está la ciudad, en qué país, cerca o lejos del mar, en las montañas. Diga si es la capital del país o si es importante por algo: su puerto, un museo, sus restaurantes, alguna fiesta o festival, etc. Si puede mencionar varias cosas de manera ordenada, su discurso será más fluido.
- Diga desde cuándo, pero añada algo más. Por ejemplo, *desde que nací: siempre he vivido aquí.* O: *desde que tenía siete años: mis padres se mudaron aquí por trabajo.* No conteste solo con una palabra. Puede ser suficiente, pero usted está en un examen en el que quieren averiguar su competencia para hablar e interaccionar.
- *Sí me gustaría seguir viviendo aquí, porque mi ciudad tiene muchas oportunidades para trabajar,* o *porque ofrece muchas cosas.* O: *no, no me gustaría vivir aquí, porque hay mucha contaminación, todo es muy caro, es difícil encontrar un buen empleo, etcétera.*
- *Sí me gustaría porque quiero practicar español y vivir en otro país.* O: *no, no me gustaría porque quiero seguir viviendo en mi ciudad: ahí está mi familia y mis amigos.*

CONSEJO

Recuerde que siempre debe justificar sus gustos, sus opiniones. Puede usar *porque* para introducir su justificación.

Tarea 3

Describir una fotografía y participar en una conversación (2-3 minutos).

En esta tarea se evalúa la capacidad del candidato para describir una fotografía, siguiendo las pautas establecidas, y responder a las preguntas del entrevistador, que relacionarán la imagen con el entorno del candidato.

Ejemplos de preguntas del examinador

- *¿En su país hay jardines de este tipo?*
- *¿Es frecuente comer al aire libre?*
- *¿Cómo se celebran los cumpleaños en su país? O ¿Cómo celebra usted su cumpleaños?*

Estrategias para responder a las preguntas

Describa todo lo que ve, siguiendo un orden. Primero, lo más general, el paisaje, el contexto (si hay muebles, objetos, máquinas, etc.), después, empiece a concretar cuántas personas hay, cómo son físicamente, qué hacen. Por fin, atrévase a hablar sobre lo que les pasa a las personas: están contentas, están tristes... Después de su descripción, esté preparado para las preguntas que le harán, que consisten fundamentalmente en relacionar lo que ha dicho de la foto con su experiencia personal.

Recursos lingüísticos para la descripción:
<u>Los verbos:</u>
Ser: *es un jardín muy bonito...*
Haber: *hay árboles, hay gente alrededor de una mesa...*
Estar: *la gente está comiendo, las personas están hablando...*
Ver: *veo platos, vasos, mucha comida: ensalada, pescado...*
Parecer: *la gente parece alegre, la comida parece muy buena...*
Creer: *creo que es una familia, creo que están celebrando el cumpleaños de alguien porque veo una tarta...*
<u>Adjetivos:</u>
Alegre, bonito, bueno, etcétera.

Tarea 4

El candidato mantendrá un diálogo con el entrevistador en una situación simulada durante dos o tres minutos.
Al candidato se le proporcionará una tarjeta con un tema o un titular con una extensión de entre 80 y 100 palabras, y unas preguntas para guiar su respuesta.
En esta tarea se evalúa la capacidad del candidato para participar en conversaciones, satisfacer necesidades cotidianas o intereses personales: hacer cambios o devoluciones, solicitar un servicio, hacer una queja o una consulta, confirmar o concertar una cita, solicitar una información, quedar con amigos, etcétera.

Ejemplo

> Usted compró hace seis meses un billete de avión para volar en una fecha determinada (la de hoy) porque debe estar en su destino para la boda de su hermano del cual es usted el padrino. Al llegar al aeropuerto para hacer su facturación, le comunican que hay un exceso de billetes vendidos (*overbooking*) y que usted no puede volar hoy.
> Imagine que el entrevistador es el empleado de la compañía aérea. Hable con él siguiendo estas indicaciones.
>
> Durante la conversación con el empleado de la compañía aérea usted debe:
> - indicarle a dónde vuela;
> - explicarle cuál es el problema;
> - pedirle que le pongan en otro vuelo porque debe estar en su destino ese día;
> - quejarse si no quiere cambiárselo y pedirle otra solución.

Ejemplo de preguntas del entrevistador:

- *Hola, buenos días. ¿En qué puedo ayudarle?*
- *¿Y a dónde dice que vuela? ¿Cuál es su número de vuelo?*
- *Ah, sí, aquí veo su reserva. Pues vamos a ver... Dígame cuál es el problema.*

Estrategias para la resolución de la tarea

Describa los antecedentes de la situación: *Compré este billete para ... el día ...* Haga hincapié en que se aseguró de que todo estaba correcto, puede decir: *Comprobé mi reserva*; añadir cuándo pagó: *Pagué el día ... con mi tarjeta... aquí está el comprobante* (o la factura).

Describa el problema: *He llegado al mostrador de facturación y me han dicho que no puedo volar.*

Exprese su queja: *No puede ser, tengo que viajar hoy, tengo que asistir a la boda de mi hermano. Yo compré este billete hace seis meses. También he pagado por un asiento en este vuelo.*

Haga propuestas para resolver su situación: *Tengo que llegar hoy a... Si no hay espacio en su vuelo, tienen que buscarme un asiento en un vuelo de otra compañía,* etcétera.

CONSEJO

Es importante que reaccione a las preguntas del entrevistador con respuestas un poco desarrolladas. No conteste solo con monosílabos o una sola palabra. Dé explicaciones (**porque**...), proporcione detalles, haga propuestas...

CLAVES COMENTADAS

Al final de cada examen, se incluyen las claves para las respuestas.

En las claves para las pruebas de Comprensión lectora y Comprensión auditiva, además de la letra que corresponde a la respuesta correcta, se añade la frase o el párrafo del texto escrito u oral que justifica la elección de la respuesta adecuada. En algunos casos, se añade también una breve explicación aclaratoria.

ESCALAS PARA LA EVALUACIÓN DE LAS PRUEBAS

EXPRESIÓN E INTERACCIÓN ESCRITAS

Para la calificación de la prueba de Expresión e interacción escritas se usan una escala analítica con cuatro categorías y una escala holística. Ambas constan respectivamente de cuatro bandas ordinales que se extienden en un rango único que va de 0 a 3 puntos. A cada una de las bandas corresponde un único descriptor ilustrativo con el que se compara la actuación del candidato. En ambos instrumentos, la banda que se califica con 2 puntos es el equivalente a la descripción del nivel B1 (Umbral) del Marco común europeo de referencia. El valor 3 supone una consecución sobrada del nivel. El valor 1 supone la no consecución del nivel a la vista de las respuestas. El valor 0 supone que la prueba está en blanco, que no sigue los puntos de orientación dados, que el candidato escribe información irrelevante, que no se ajusta al objetivo planteado o que el texto es ilegible.

DELE B1. Expresión e interacción escritas - Escala analítica	
Adecuación al género discursivo	
3	Escribe textos claros y precisos, ampliándolos con detalles tanto en temas concretos como abstractos. Redacta cartas, mensajes y notas, empleando el registro adecuado al contexto. Desarrolla con eficacia todos los puntos de orientación dados.
2	Escribe textos claros y sencillos. En el caso de las cartas, mensajes, notas..., respeta las convenciones de género básicas (inicio y cierre del texto...) y utiliza las fórmulas básicas de cortesía (saludo, despedida...). Desarrolla con claridad la gran mayoría de los puntos de orientación dados, aunque alguno falte o no esté tratado adecuadamente.
1	Escribe textos muy breves y básicos sobre su entorno más inmediato o aspectos de la vida cotidiana. En algunos casos, la información aparece desordenada o incompleta, lo que obliga a una relectura para su comprensión. Redacta cartas, mensajes y notas sencillas y breves vinculadas a necesidades básicas o para transmitir información personal. Utiliza aún con vacilaciones los exponentes funcionales más frecuentes, normas de cortesía elementales o fórmulas de saludo y tratamiento («muchas gracias»; «hola, ¿cómo estás?») o falta algún detalle importante (por ejemplo, saludo o despedida en las cartas). Menciona solo alguno de los puntos de orientación o no los desarrolla suficientemente.
0	El texto producido se limita a una serie de frases sencillas aisladas sobre sí mismo y sobre otras personas o temas de su entorno más próximo. En algunos casos el texto resulta incomprensible. Comete errores de formulación en fórmulas sencillas y cotidianas relativas a saludos, despedidas, presentaciones y expresiones del tipo: «por favor», «gracias», «lo siento...», que adapta al discurso. Hay errores de registro y faltan detalles importantes. El texto no sigue los puntos de orientación dados o se aleja de ellos, ni se ajusta a la extensión indicada: Tarea 1: menos de 70 palabras. Tarea 2: menos de 90 palabras.

DELE B1. Expresión e interacción escritas - Escala analítica	
Coherencia	
3	Escribe textos claros, coherentes y estructurados con un uso limitado pero adecuado de los mecanismos de cohesión para enlazar frases en un discurso planificado, teniendo en cuenta el efecto que puede producir en el receptor. Sintetiza, evalúa y varía la información de otras fuentes ensayando nuevas combinaciones y expresiones, marcando la relación existente entre las ideas. Utiliza de forma adecuada los signos de puntuación, aunque puede cometer algún error.
2	Escribe textos breves y cohesionados, ordenados mediante una secuencia lineal de elementos sencillos, utilizando organizadores de la información («primero», «luego», «después») y conectores básicos frecuentes («y», «también», «por eso», «entonces», «pero», «porque...»), aunque el texto presente alguna deficiencia o limitación en su estructura.
1	Escribe una serie de oraciones breves enlazadas con conectores muy sencillos y básicos («y», «pero», «porque»). Su discurso, en algunos casos memorizado, desordenado o incompleto, obliga a una relectura para su comprensión.
0	El texto se limita a una serie de palabras o grupos de palabras enlazadas con conectores muy básicos y lineales («y», «pero»). El discurso no mantiene una estructura organizada que permita seguir los razonamientos del candidato.

DELE B1. Expresión e interacción escritas - Escala analítica	
Corrección	
3	Mantiene un buen control gramatical que utiliza en situaciones cotidianas, aunque todavía puede cometer algún error no sistemático o pequeños fallos en la estructura de la frase que no producen malentendidos. La ortografía es razonablemente correcta, aunque puede cometer algún error por influencia de la lengua materna en el léxico menos frecuente.
2	Muestra un control razonable de elementos lingüísticos básicos y estructuras habituales que utiliza para satisfacer necesidades inmediatas y en temas predecibles o de interés personal. Puede cometer algún error en la ortografía de las palabras, pero que no interfiere en la transmisión de la idea principal del texto.
1	Utiliza estructuras gramaticales sencillas. Comete errores básicos, aunque se entienda lo que quiere transmitir siempre que el mensaje esté relacionado con una situación comunicativa frecuente. Comete errores ortográficos sistemáticos que en algunos casos dificultan la comprensión del mensaje.
0	Muestra un control limitado incluso de algunas estructuras gramaticales muy básicas y sencillas, o se sirve de frases cortas (probablemente memorizadas) relacionadas con necesidades básicas e inmediatas. Comete abundantes errores gramaticales y ortográficos (concordancias, error en la elección de la persona del verbo), que dificultan la comprensión del mensaje y obligan a la relectura continua.

DELE B1. Expresión e interacción escritas - Escala analítica	
Alcance	
3	Domina un vocabulario amplio, que incluye algunas expresiones idiomáticas y coloquiales, que le permite describir situaciones impredecibles, explicar los puntos principales de una idea o un problema con razonable precisión y expresar pensamientos sobre temas abstractos y culturales. Puede cometer alguna imprecisión léxica de escasa importancia.
2	Tiene el vocabulario suficiente para desenvolverse en intercambios cotidianos próximos a su entorno más inmediato. Esto le permite solicitar información, hacer valoraciones, expresar deseos y dar instrucciones. Puede cometer errores si utiliza estructuras o vocabulario más complejo.
1	Tiene un vocabulario limitado que utiliza para transmitir información básica en situaciones que respondan a necesidades muy concretas y cotidianas que resulta insuficiente para transmitir el mensaje. Presenta imprecisiones que no afectan a la comunicación.
0	Utiliza un repertorio de palabras muy básicas y frases aisladas que no son suficientes para transmitir la información requerida ni para que se produzca la comunicación. Comete constantes imprecisiones léxicas e interferencias de otras lenguas.

DELE B1. Expresión e interacción escritas - Escala holística	
3	Aporta a la información requerida detalles que hacen que la organización y formulación del mensaje cumplan sobradamente con los objetivos comunicativos planteados. Utiliza un repertorio lingüístico suficiente para hacer descripciones claras y precisas, expresar opiniones, puntos de vista y desarrollar argumentos sin aparentes limitaciones. El resultado es un texto claro y detallado.
2	Aporta la información requerida de forma comprensible y logra transmitir los mensajes. Se expresa de manera clara en intercambios de información sobre temas cotidianos, aunque, si los temas son abstractos, puede producirse alguna vacilación o faltar algún detalle. Utiliza un repertorio lingüístico suficiente para expresarse de manera adecuada sobre situaciones cotidianas y temas de su interés. A pesar de algunos errores, vacilaciones o repeticiones construye oraciones sencillas y lineales, con palabras clave en un discurso comprensible y claro.
1	Aporta parte de la información requerida de manera sencilla. Su brevedad y poca claridad resultan insuficientes para transmitir el mensaje. Utiliza un repertorio lingüístico limitado compuesto por estructuras sintácticas y expresiones memorizadas en un discurso con errores elementales que dificultan la comprensión y que, en algunos casos no dejan clara la idea general.
0	Aporta solo algunos datos que resultan insuficientes para transmitir los mensajes. El escrito se limita a una serie de oraciones muy breves y simples en un discurso desorganizado y con errores abundantes que dificultan la comprensión del mensaje.

EXPRESIÓN E INTERACCIÓN ORALES

Para la calificación de la prueba de Expresión e interacción orales se usan una escala analítica con cuatro categorías y una escala holística, que constan respectivamente de cuatro bandas ordinales que se extienden en un rango único que va de 0 a 3 puntos. A cada una de las bandas corresponde un único descriptor ilustrativo con el que se compara la actuación del candidato. En ambos instrumentos, la banda que se califica con 2 puntos es el equivalente a la descripción del nivel B1 (Umbral) del *Marco común europeo de referencia*. El valor 3 supone una consecución sobrada del nivel. El valor 1 supone la no consecución del nivel a la vista de las respuestas.

DELE B1. Expresión e interacción orales - Escala analítica	
Coherencia	
3	Elabora un discurso claro y coherente, con un uso adecuado, aunque limitado, de mecanismos de cohesión. Si su intervención se alarga, puede mostrar cierta pérdida de control sobre su discurso. Mantiene la conversación de forma adecuada, colaborando con su interlocutor.
2	Elabora secuencias lineales de ideas relacionadas en forma de enunciados breves y sencillos y enlazados por conectores habituales (ej.: «es que», «por eso», «además»). Mantiene conversaciones sencillas sobre temas cotidianos, aunque en ocasiones necesita alguna aclaración o repetir parte de lo que dice su interlocutor para confirmar la comprensión.
1	Presenta un discurso limitado, compuesto por grupos de palabras y conectores sencillos (ej.: «y»; «pero», «porque»). Necesita la colaboración del interlocutor para confirmar su comprensión y poder responder a preguntas y afirmaciones sencillas.
0	Presenta un discurso confuso, compuesto por enunciados aislados, sin apenas elementos de enlace. Precisa que el interlocutor repita o reformule con frecuencia sus intervenciones y sus respuestas no siempre se ajustan a las preguntas que se le formulan.

DELE B1. Expresión e interacción orales - Escala analítica	
Fluidez	
3	Se expresa con relativa facilidad. A pesar de algunos problemas al formular su discurso, que dan como resultado pausas y «callejones sin salida», es capaz de seguir adelante con eficacia. Su pronunciación es claramente inteligible, pero puede que resulte evidente su acento extranjero y que cometa errores esporádicos.
2	Habla de forma continuada y comprensible, aunque son evidentes las pausas para planificar su discurso y pensar en la gramática y el léxico adecuados. Su pronunciación es claramente inteligible, pero puede que resulte evidente su acento extranjero y que cometa errores esporádicos.
1	Se hace entender con expresiones muy breves, y resultan evidentes las pausas, las dudas iniciales y la reformulación. Su pronunciación y articulación son generalmente bastante claras y comprensibles, aunque su acento y sus errores ocasionales pueden provocar que la comprensión requiera cierto esfuerzo.
0	Solo maneja expresiones muy breves, aisladas y preparadas de antemano, utilizando muchas pausas para buscar expresiones, articular palabras menos habituales y corregir la comunicación. Su pronunciación y articulación solo son correctas en palabras y frases memorizadas. La comprensión requiere cierto esfuerzo.

DELE B1. Expresión e interacción orales - Escala analítica	
Corrección	
3	Muestra un control gramatical relativamente alto. Comete errores que no provocan la incomprensión y en ocasiones los corrige.
2	Muestra un control razonable de un repertorio de estructuras sencillas (ej.: tiempos de indicativo, posesivos, verbo «gustar», perífrasis básicas). Comete errores que no provocan la incomprensión.
1	Utiliza algunas estructuras sencillas correctamente, pero comete errores básicos de forma sistemática, como por ejemplo confusión de tiempos verbales y faltas de concordancia.
0	Muestra un control insuficiente de las estructuras sencillas y de modelos de oraciones breves y básicas: por ejemplo, errores en el uso del presente y en la concordancia sujeto- verbo, y uso de infinitivos en lugar de verbos flexionados. Los numerosos errores hacen que la comunicación sea muy difícil.

DELE B1. Expresión e interacción orales - Escala analítica	
Alcance	
3	Su repertorio lingüístico le permite describir situaciones, explicar los puntos principales de una idea o un problema con razonable precisión y expresar lo que piensa sobre temas generales, de carácter abstracto o cultural, como la música y las películas.
2	Su repertorio lingüístico es lo bastante amplio como para desenvolverse en situaciones cotidianas y expresarse, aunque un tanto dubitativamente y con circunloquios, sobre temas tales como su familia, sus aficiones e intereses, su trabajo, sus viajes y acontecimientos actuales. Comete incorrecciones e imprecisiones léxicas cuando asume riesgos.
1	Su repertorio lingüístico limitado le permite transmitir información sobre temas personales y del entorno más cercano en situaciones sencillas y cotidianas (necesidades básicas, transacciones comunes), pero tiene que adaptar el mensaje y buscar las palabras. Comete incorrecciones e imprecisiones léxicas.
0	Su repertorio lingüístico se limita a un grupo reducido de palabras o exponentes memorizados. Comete incorrecciones e imprecisiones léxicas o hay interferencias de otras lenguas que dificultan el entendimiento.

DELE B1. Expresión e interacción orales - Escala holística	
3	Añade a la información requerida explicaciones, argumentos o ejemplos relevantes. Tiene un repertorio lingüístico suficiente para desenvolverse sin dificultad en las situaciones planteadas, aunque comete algunos errores. Mantiene conversaciones e intercambia información de forma adecuada, interviene para confirmar la comprensión de información detallada y colabora con su interlocutor.
2	Aporta la información requerida para cumplir con el objetivo comunicativo de las tareas. Tiene un repertorio lingüístico sencillo que le permite enfrentarse a las situaciones planteadas, con errores que no interfieren en la transmisión de sus ideas. Mantiene conversaciones e intercambia información, aunque puede necesitar alguna aclaración y repetir parte de lo que su interlocutor ha dicho para confirmar la comprensión mutua.
1	Aunque hace descripciones y presentaciones sencillas, no aporta la información suficiente para cumplir con el objetivo comunicativo de las tareas. Aunque su repertorio lingüístico limitado le permite transmitir información sobre temas personales y del entorno más cercano en situaciones sencillas y cotidianas, tiene que adaptar el mensaje y buscar las palabras y comete repetidamente errores básicos. Participa en conversaciones e intercambia información siempre que el interlocutor le ayude.
0	Apenas proporciona información, por lo que no cumple con el objetivo comunicativo de las tareas. Las limitaciones lingüísticas provocan dificultades en la formulación de lo que quiere decir. Requiere que el interlocutor repita lo que ha dicho o lo diga con otras palabras y a una velocidad lenta y que le ayude a formular lo que intenta decir.

Información tomada de *B1 Guía del examen* que se puede encontrar en:
dele.cervantes.es/informacion/guias/materiales/b1/guia_examen_dele_b1.pdf

EXAMEN 1
Profesiones y trabajo

PRUEBA 1 COMPRENSIÓN DE LECTURA

Esta prueba contiene cinco tareas. Usted debe responder a 30 preguntas.
Duración: **70 minutos**.

Tarea 1

Instrucciones

Usted va a leer seis textos en los que varias personas explican sus preferencias para elegir la profesión o solicitar un empleo y diez resúmenes de ofertas o descripciones de posibles empleos. Relacione las personas (1-6) con los textos de la lista (A-J).

HAY TRES TEXTOS QUE NO DEBE RELACIONAR.

	PERSONA	TEXTO
0.	CRISTINA	**E**
1.	LUIS	
2.	PALOMA	
3.	MONTSE	
4.	PABLO	
5.	PILAR	
6.	ANDRÉS	

 **0. CRISTINA**	Quiero un empleo que me permita hacer compatible mi trabajo con los estudios. Estoy trabajando en mi tesis doctoral sobre literatura latinoamericana que espero tener terminada en pocos meses.
 **1. LUIS**	Estoy estudiando la carrera de Derecho y todavía me faltan dos años para graduarme. Lo que me gustaría es llegar a trabajar en un despacho de abogados que se ocupe de casos importantes.
 **2. PALOMA**	He terminado la carrera de Publicista, pero no tengo casi experiencia: solo estuve tres meses de becaria en una agencia pequeña. Ahora trabajo de dependienta en una tienda de ropa, pero me encantaría trabajar en lo mío.
 **3. MONTSE**	Soy profesora de Literatura Hispanoamericana en la Universidad de Guadalajara (México). Llevo ya cuatro años en este puesto y me acabo de enterar de que no van a renovar mi contrato para el próximo curso.
 **4. PABLO**	He tenido una hija hace cuatro meses y me voy a ocupar de ella, porque mi esposa ha tenido que incorporarse a su puesto de trabajo. Llevo traduciendo más de cinco años de inglés y alemán en una agencia de noticias, pero ahora estoy buscando algo que me permita trabajar desde casa.
 **5. PILAR**	Acabo de terminar la carrera de Derecho y ahora voy a hacer un máster de Derecho Internacional. Mi objetivo es poder llegar a trabajar en un organismo internacional como las Naciones Unidas o en una organización que defienda los derechos humanos.
 **6. ANDRÉS**	Soy diseñador gráfico con mucha experiencia y he ganado varios premios por mi obra. Estoy en una agencia de publicidad muy grande, pero ahora preferiría dejar el mundo de la empresa y trabajar desde mi casa en los encargos que me interesen.

OFERTAS DE TRABAJO

A	Agencia de publicidad de ámbito internacional necesita persona joven para incorporarse a su plantilla inmediatamente. No es necesaria experiencia.
B	Si es un traductor al español con experiencia no le faltará trabajo si contesta a este anuncio. Somos un grupo editorial con proyección en todo el mundo hispanohablante, especializado en cómics originales en japonés, inglés y francés.
C	Somos un despacho de abogados jóvenes y necesitamos socios para nuestro bufete. Buscamos gente joven, graduada en Derecho y especializada en Derecho Penal.
D	Este anuncio es para usted si quiere trabajar desde su casa. Buscamos personas con experiencia en el campo del diseño gráfico para incorporarse inmediatamente en una campaña publicitaria con proyección internacional.
E	Se ofrece empleo a tiempo parcial: horario de 9:00h a 14:00h en prestigiosa editorial de ámbito internacional. Se exige titulación universitaria.
F	Convertirse en traductor puede ser su profesión. Le permitirá trabajar desde su hogar y seleccionar su trabajo. Somos una academia especializada en la preparación de traductores e intérpretes.
G	Se van a convocar oposiciones a profesor de Lengua y Literatura españolas. Si quiere hacer de la enseñanza su profesión, en OPOSIT, le damos la mejor preparación para superar las pruebas.
H	RODRÍGUEZ & MARTÍNEZ abogados ofrece dos puestos de becario para formarse en el campo de demandas internacionales. Para más detalles sobre la oferta y condiciones de horario y salario, escribir a: rodriguezymartinez@abogados.com. Incluir CV reciente.
I	Universidad norteamericana ofrece un puesto para especialista en Literatura Hispanoamericana. Incorporación inmediata para este curso. Se exige ser hablante nativo de español y acreditar una experiencia mínima de dos años en una universidad.
J	¿Se ha graduado usted en Derecho? ¿Ha terminado sus estudios con buenas calificaciones? Si este es su caso, nuestra organización pro derechos de la infancia necesita abogados jóvenes a los que ofrece formación, a cambio de una dedicación parcial.

Tarea 2 **Instrucciones**

Usted va a leer un breve texto sobre la actriz mexicana Salma Hayek. Después, debe contestar a las preguntas (7-12). Seleccione la respuesta correcta (a / b / c).

DE PROFESIÓN, ACTRIZ

Salma Hayek Jiménez, más conocida como Salma Hayek (Coatzacoalcos, Veracruz; 2 de septiembre de 1966), es una actriz mexicana de cine, teatro y televisión, así como empresaria y productora. Es famosa por ser una de las tres actrices latinoamericanas que han sido nominadas como mejor actriz al premio Óscar. Se le considera una de las figuras mexicanas más prominentes en Hollywood desde la actriz Dolores del Río.

Comenzó su carrera en México protagonizando la telenovela *Teresa* y pasó a protagonizar la película *El callejón de los milagros*. En 1991 Hayek se trasladó a Hollywood y consiguió la fama con papeles en películas anglófonas, tales como *Desperado* (1995), *Dogma* (1999) y *Wild Wild West* (1999).

Su primer papel importante fue en la película de 2002 *Frida* en la que interpretaba a Frida Kahlo, gracias al cual recibió nominaciones a la mejor actriz en el premio de la Academia, el Premio BAFTA, el Premio del Sindicato de Actores y el premio Globo de Oro.

Salma Hayek ganó un Premio Daytime Emmy por mejor dirección de programa especial para niños/jóvenes/familia en 2004 por *El milagro de Maldonado* y recibió una nominación al Premio Emmy a mejor actriz invitada en una serie de comedia en 2007 después de ser la estrella invitada en la cadena *ABC* con la serie de televisión *Ugly Betty*.

Entre las películas recientes de Hayek, se incluyen *Grown Ups* (2010), *Savages* (2012), *La chispa de la vida* (2012), por la que fue nominada al premio Goya de la academia de cine española, y *El gato con botas* (2011) junto a Antonio Banderas.

Sus padres son el político y hombre de negocios Sami Hayek Domínguez, mexicano de padre libanés, y Diana Jiménez Medina, mexicana de origen español. Su nombre, *Salma*, es la palabra árabe que significa «paz» o «calma». Nació en una familia devotamente católica y, durante su niñez, estudió en la escuela Margarita Olivo Lara de su ciudad natal Coatzacoalcos. Fue enviada a la Academia del Sagrado Corazón, Grand Costeau, Luisiana, a la edad de 12 años. Mientras estuvo, ahí le diagnosticaron dislexia. Habla varios idiomas: español, árabe, inglés y portugués.

En 2009, junto con la cantante mexicana Lila Downs, representó a México en una campaña internacional para la fundación One Drop, para preservar el agua, donde actuaron el fundador del Cirque du Soleil, el vicepresidente Al Gore y otras personalidades de talla mundial. Este acto fue transmitido en la página de internet de la fundación, en Estados Unidos, Canadá y otros países del mundo. También, en el 2009 trabajó en el documental HOME, que invita a cuidar el ambiente ecológico. En 2010 participa en un anuncio promocional de Iniciativa México, donde hace un llamado a cambiar la situación del país. El anuncio es polémico, ya que Hayek no reside en México.

El sábado 14 de febrero de 2009, el día de San Valentín, Hayek se casó por lo civil con Pinault en París. La boda religiosa entre Salma Hayek y François-Henri Pinault tuvo lugar el sábado 26 de abril de 2009 en el Palazzo Grassi de Venecia. Previa a la boda, el 25 de abril se realizó una fiesta de máscaras alusivas al carnaval de Venecia en los Magazzini del Sale. La ceremonia religiosa se celebró en la sala Apolinee del Palazzo Grassi, propiedad de Pinault. Rodeados de más de 2500 obras de artistas como Joan Miró y la cena, a cargo del chef español José Andrés, se efectuó en La Fenice de Venecia, uno de los teatros de ópera más famosos de Europa, construido en 1792.

Extraído de: *www.wikipedia.es*

PREGUNTAS

7. En el texto se dice que Salma Hayek es...

☐ a) la tercera latinoamericana en ganar el premio Óscar.
☐ b) también productora de la televisión de Veracruz.
☐ c) una actriz mexicana importante en Hollywood.

8. Salma Hayek...

☐ a) comenzó su carrera protagonizando *El callejón de los milagros.*
☐ b) ganó el premio de la Academia con *Frida.*
☐ c) tuvo un papel hablando en inglés en *Desperado.*

9. En el texto se dice que la actriz...

☐ a) ha trabajado con Antonio Banderas en 2011 en *El gato con botas.*
☐ b) ganó un Daytime Emmy por su actuación en *El milagro de Maldonado.*
☐ c) protagonizó la serie de televisión *Ugly Betty* de la cadena ABC.

10. En el texto leemos que...

☐ a) los padres de Salma Hayek se dedican a la política.
☐ b) le pusieron el nombre de Salma porque su familia es muy católica.
☐ c) aunque padece dislexia, habla varios idiomas.

11. En el texto dice que...

☐ a) colaboró con una fundación para la conservación del agua.
☐ b) hizo un anuncio para promocionar el ambiente ecológico en México.
☐ c) fue la protagonista del documental HOME retransmitido por internet.

12. Según el texto, Salma Hayek...

☐ a) celebró una fiesta de máscaras antes de San Valentín.
☐ b) se casó dos veces en el mismo año.
☐ c) dio un gran banquete en el Palazzo Grass.

Tarea 3

Instrucciones

Usted va a leer tres textos en los que tres personas cuentan cómo y por qué eligieron la profesión de profesor/-a de Educación Física. Relacione las preguntas (13-18) con los textos (A / B / C).

PREGUNTAS

		A. LUPE	B. EDNA	C. JAIME
13.	¿Quién tuvo una abuela maestra rural?			
14.	¿Quién participó en competiciones de gimnasia?			
15.	¿Quién siempre quiso tener la profesión que tiene ahora?			
16.	¿Quién trabaja en un colegio que parece muy caro?			
17.	¿Quién jugaba al baloncesto cuando estaba en el colegio?			
18.	¿Quién entrena a jóvenes para ser deportistas olímpicos?			

TEXTOS

A. LUPE

Para mí estaba muy claro a qué me quería dedicar. Por un lado, me gusta mucho trabajar con los niños de Primaria: me parece maravilloso todo lo que los niños pueden aprender y todo lo que se les se puede enseñar. Y además me motivan mucho la energía y las ganas de jugar y de moverse que tienen. A mí en el colegio me encantaba la clase de Educación Física, practicar deporte –sobre todo jugar al baloncesto–, así que no me costó decidirme por la carrera de maestra en Educación Física que me ha permitido además conseguir mi meta de ser profesora en un colegio.

B. EDNA

Yo no sabía que quería ser profesora de Educación Física y ahora pienso que no podría hacer otra cosa. De pequeña tenía mucha flexibilidad para hacer ejercicios de gimnasia, mi profesora de Educación Física se dio cuenta y empecé a formarme como gimnasta. Los entrenamientos eran muy duros, pero me convertí en una persona muy fuerte físicamente y muy disciplinada. Cuando se pasó mi tiempo y dejé de competir en los campeonatos internacionales, decidí estudiar para ser profesora de Educación Física. Ahora soy yo quien trabaja entrenando a jóvenes para poder llegar a ser grandes atletas y conquistar medallas olímpicas.

C. JAIME

Yo siempre he querido ser maestro. En mi familia es como una tradición: mi abuela fue maestra, mi padre también y ahora yo. Aunque en mi caso, no sigo la costumbre de ser maestro rural en un pueblo. Yo soy profesor de Educación Física en un colegio privado muy elitista en el que se da mucha importancia a la formación física de los alumnos y a la práctica de deportes. El colegio tiene unas instalaciones estupendas: piscina olímpica, pistas de tenis, gimnasio con todo tipo de aparatos y máquinas. Hasta tiene un equipo de baloncesto al que yo entreno y con el que ya hemos ganado varios trofeos. La verdad es que para mí ese trabajo no puede ser mejor porque estoy haciendo lo que me gusta.

Tarea 4 **Instrucciones**

Lea el siguiente texto del que se han extraído seis fragmentos. A continuación, lea los ocho fragmentos propuestos (A-H) y decida en qué lugar del texto (19-24) hay que colocar cada uno de ellos.

HAY DOS FRAGMENTOS QUE NO TIENE QUE ELEGIR.

POR QUÉ ESCRIBO (ANTONIO MUÑOZ MOLINA)

Creo que nunca he pensado mucho en por qué escribo, salvo cuando me han hecho esa pregunta y he tenido que improvisar una respuesta que sonara convincente. Escribo, sobre todo, **19.** ______________, y me ha gustado casi desde que tengo recuerdos. Me gustaba inventar cuentos, escribirlos y dibujarlos cuando era niño. Me gustaba escribir redacciones en la escuela. **20.** ______________ y me enteré de que todas ellas tenían un autor, que solía ser Julio Verne, y por primera vez me imaginé practicando ese oficio. Después me aficioné a leer poesía **21.** ______________ siempre muy malos. Cuando tuve una máquina de escribir se me iban las tardes improvisando lo que fuera, por el puro gusto de golpear las teclas: diarios, poemas, obras de teatro. **22.** ______________ y porque me gano la vida escribiendo. Algunas veces disfruto mucho y otras preferiría estar haciendo cualquier otra cosa. Pero en ocasiones en que me he puesto a escribir contra mi voluntad **23.** ______________ que de otra manera no se me habrían ocurrido. También escribo por quitarme la mala conciencia de no haber escrito, o para tener el alivio de haberlo hecho. Me puedo imaginar no publicando, al menos durante largos períodos, **24.** ______________. En el fondo es un vicio, un hábito cotidiano, o una manera de estar en el mundo, como tener afición por la lectura o por la música.

Extraído de: *http://elpais.com*, artículo de Jesús Ruíz Mantilla

FRAGMENTOS

A. A veces siento que no tengo nada que contar
B. pero no me imagino no escribiendo
C. y casi a la fuerza he encontrado cosas
D. Escribo por gusto
E. porque me gusta mucho hacerlo
F. y por imitación me puse a escribir versos
G. Me gusta escribir por la mañana temprano
H. Luego empecé a leer novelas de aventuras

Tarea 5 **Instrucciones**

Lea el texto y rellene los huecos (25-30) con la opción correcta (a / b / c).

TRABAJAR DIVIRTIÉNDOSE

Uno de los deseos que se tienen mientras se está estudiando, es que ese esfuerzo se canalice en obtener un trabajo que no solo tenga una excelente paga, sino que además sea divertido.

Si ponemos el foco en América Latina, encontramos _____**25**_____ entre los trabajos mejor pagados en México, destacan los relacionados con la Geología y Geofísica que pueden llegar a _____**26**_____ un sueldo de diecisiete mil pesos mensuales. En Colombia, por su parte, uno de los puestos que garantiza una paga más alta es el de Ingeniero de Petróleos.

_____**27**_____ no queremos centrarnos en puestos ejecutivos de mucha responsabilidad y horarios interminables, aunque los salarios _____**28**_____ de muchas cifras, nuestro objetivo es presentarte la otra perspectiva: trabajos que además de ser entretenidos, también tienen una buena paga.

Tenemos, por ejemplo, el empleo de *turista profesional*. Las empresas del _____**29**_____ pagan a personas para que viajen cómodamente en aerolíneas de la competencia y averigüen qué ofrecen.

O *probador de camas de lujo*: este trabajo consiste en dormir en camas de lujo para probar su calidad. Sin duda, para muchos es _____**30**_____ de los más relajantes del mundo.

Recuerda que antes de elegir una profesión lo ideal es informar sobre las oportunidades reales y los salarios.

Información extraída de: *www.salud.180.com* y de: *Univisión*

OPCIONES

25.	a) a	b) que	c) ya
26.	a) alcanzar	b) alcanzado	c) alcanzando
27.	a) Tampoco	b) Además	c) Pero
28.	a) hayan	b) sean	c) estén
29.	a) sector	b) sección	c) serie
30.	a) algunos	b) algo	c) uno

PRUEBA 2 COMPRENSIÓN AUDITIVA

Esta prueba contiene cinco tareas. Usted debe responder a 30 preguntas.
Duración: **40 minutos**

Tarea 1 **Instrucciones**

1 Usted va a escuchar seis anuncios. Escuchará cada anuncio dos veces. Después, debe contestar a las preguntas (1-6). Seleccione la opción correcta (a / b / c).

Ahora tiene 30 segundos para leer las preguntas.

PREGUNTAS

Anuncio 1

1. Según el anuncio, «A su servicio» es una empresa que ofrece...
- [ ] a) personal de limpieza.
- [ ] b) cocineros entrenados.
- [ ] c) cuidadores para colegios.

Anuncio 2

2. Según la audición, las mujeres interesadas en el anuncio deben...
- [ ] a) ser delgadas y como máximo de 75 años.
- [ ] b) acudir el 15 de mayo a *Publimundi.*
- [ ] c) estar dispuestas a posar más de tres horas.

Anuncio 3

3. Este anuncio ofrece...
- [ ] a) seis puestos en Latinoamérica.
- [ ] b) trabajo a jóvenes europeos.
- [ ] c) empleo para el verano.

Anuncio 4

4. Según el anuncio, para optar a este puesto...
- [ ] a) es necesario tener un diploma oficial de inglés.
- [ ] b) hay que tener experiencia en mantenimiento.
- [ ] c) se exige un título en soporte técnico.

Anuncio 5

5. El anuncio es para personas que...
- [ ] a) traduzcan de español a japonés.
- [ ] b) busquen publicar cómics.
- [ ] c) quieran trabajar en casa.

Anuncio 6

6. Este anuncio informa de que los seleccionados...
- [ ] a) venderán bebidas de primeras marcas.
- [ ] b) recibirán 55 € netos por hora de trabajo.
- [ ] c) trabajarán en horario nocturno.

Tarea 2 **Instrucciones**

2

Usted va a escuchar un fragmento del programa «¿Profesiones con o sin futuro?», en el que Daniela cuenta su vida. Escuchará la audición dos veces. Después, debe contestar a las preguntas (7-12). Seleccione la opción correcta (a / b / c).

Ahora tiene 30 segundos para leer las preguntas.

PREGUNTAS

7. Según la audición, Daniela está en un programa de radio...
- [ ] a) dedicado al asunto de las profesiones de la gente joven.
- [ ] b) enfocado en las profesiones y el empleo.
- [ ] c) centrado en las posibilidades de trabajo de los mayores.

8. Daniela explica que...
- [ ] a) su trabajo no guarda relación con sus estudios.
- [ ] b) tiene un empleo desde hace tres años.
- [ ] c) vino a España para aprender español.

9. Daniela sabe inglés porque...
- [ ] a) lo estudió en la Universidad de Salamanca.
- [ ] b) se lo enseñaron sus padres.
- [ ] c) lo aprendió de pequeña en Estados Unidos.

10. Daniela cuenta que es profesora...
- [ ] a) porque lo deseaba ser desde pequeña.
- [ ] b) a causa de la influencia de sus padres.
- [ ] c) dado que le parece una profesión seria.

11. Daniela explica que en el futuro...
- [ ] a) quiere dar clases de inglés en España.
- [ ] b) le gustaría trabajar de traductora o de intérprete.
- [ ] c) espera ser profesora de español en América.

12. Daniela dice que...
- [ ] a) sus padres van a volver a trabajar a España.
- [ ] b) en España no ha conseguido ninguna beca.
- [ ] c) está pensando en hacer su doctorado en España.

Tarea 3

Instrucciones

3

Usted va a escuchar en un programa radiofónico seis noticias sobre profesiones y vida laboral en el futuro. Escuchará la audición dos veces. Después, debe contestar a las preguntas (13-18). Seleccione la opción correcta (a / b / c).

Ahora tiene 30 segundos para leer las preguntas.

PREGUNTAS

Noticia 1

13. Según la noticia, para obtener un buen empleo en el futuro...
- a) será necesario tener una profesión bien definida.
- b) importará mucho tener habilidades de buen gestor.
- c) habrá que poseer competencias para el estudio.

Noticia 2

14. Según la noticia, en las profesiones del futuro...
- a) la automatización será un peligro.
- b) pueden desaparecer los carteros.
- c) los trabajadores deberán ser creativos.

Noticia 3

15. Según la noticia, el bajo nivel de emprendimiento en España de debe a...
- a) su escasa población respecto de los Estados Unidos.
- b) encontrarse en el área de los países mediterráneos.
- c) que la gente está poco preparada.

Noticia 4

16. La noticia dice que los robots...
- a) harán funciones que no pueden realizar los humanos.
- b) desplazarán a los humanos en la tecnología.
- c) serán habituales para hacer trabajos de reparación.

Noticia 5

17. La noticia dice que serán necesarios médicos...
- a) profesionales de la biotecnología y la robótica.
- b) especializados en cuidados para la tercera edad.
- c) dedicados a hacer operaciones de trasplantes.

Noticia 6

18. Según la noticia, los psicólogos...
- a) encontrarán fácilmente empleo en empresas.
- b) tendrán que realizar proyectos bajo presión.
- c) se verán reforzados en cualquier ámbito.

Tarea 4 **Instrucciones**

4

Usted va a escuchar a seis personas que hablan sobre su profesión. Escuchará a cada persona dos veces. Seleccione el enunciado (A-J) que corresponde al tema del habla cada persona (19-24). Hay diez enunciados incluido el ejemplo. Seleccione seis.

Ahora escuche el ejemplo.

Persona 0
La opción correcta es el enunciado H.

Ahora tiene 20 segundos para leer los enunciados.

ENUNCIADOS

A. Trabaja en un avión, pero no lo pilota.
B. Ha seguido la misma carrera que su padre y su abuelo.
C. Actualmente está sin trabajo.
D. Trabaja curando a la gente.
E. Tiene la profesión que siempre deseó.
F. Es enfermera en un hospital.
G. Se casó antes de ir a la universidad.
H. Está intentando ser novelista.
I. Siempre quiso trabajar en una biblioteca.
J. Trabaja en un negocio familiar.

OPCIONES

	PERSONA	ENUNCIADO
0.	Persona 0	**H**
19.	Persona 1	
20.	Persona 2	
21.	Persona 3	
22.	Persona 4	
23.	Persona 5	
24.	Persona 6	

Tarea 5

Instrucciones

Usted va a escuchar una conversación entre dos personas, Adrián y Blanca. Indique si los enunciados (25-30) se refieren a Adrián (A), a Blanca (B) o a ninguno de los dos (C). Escuchará la conversación dos veces.

Ahora tiene 25 segundos para leer los enunciados.

	A. Adrián	**B. Blanca**	**C. Ninguno de los dos**
0. Todavía está buscando trabajo.	**X**		
25. Se siente optimista acerca de sus entrevistas.			
26. Tiene un trabajo mal pagado.			
27. Va a dejar su trabajo.			
28. Vive solo de su sueldo.			
29. Tiene ayuda económica de un familiar.			
30. Se quiere cambiar de casa.			

PRUEBA 3 EXPRESIÓN E INTERACCIÓN ESCRITAS

Esta prueba contiene dos tareas.
Duración de la prueba: **60 minutos**

Tarea 1 Instrucciones

Lea el siguiente anuncio y conteste por escrito.

EMPRESA DEDICADA A LA IMPORTACIÓN Y EXPORTACIÓN BUSCA CINCO PERSONAS PARA TRABAJAR EN SU OFICINA DE GUAYAQUIL (ECUADOR)

Se exige:
Nivel medio de español hablado y escrito
Conocimientos de contabilidad y manejo de hojas Excel
Carné de conducir y disponibilidad para viajar
Capacidad para coordinar un grupo

Se valorarán:
Conocimientos de otros idiomas (inglés, portugués, chino)
Experiencia en un puesto similar de un año como mínimo

Escriba una carta para solicitar el empleo que se ofrece. En ella deberá:

- encabezarla correctamente;
- explicar que cumple los requisitos y también los méritos que se valoran;
- añadir información pertinente para este empelo;
- despedirse.

El texto tendrá una extensión de **entre 100 y 120 palabras**.

Tarea 2

Instrucciones

Elija una de las dos opciones que se le ofrecen a continuación.

OPCIÓN 1

Lea el siguiente enunciado publicado en la web de una radio:

> Participe en nuestro programa «La voz del oyente». Envíenos un texto explicando en qué trabaja o en qué trabajaba o por qué no trabaja. Leeremos todos los textos que lleguen a nuestra emisora y el que los oyentes elijan como el mejor, su autor recibirá un premio de 500 €.

Redacte un texto que incluya:

- quién es usted;
- información de dónde trabaja, desde cuándo, cómo consiguió ese trabajo;
- características de su empleo u ocupación: horas de trabajo, dedicación, sueldo, etc.;
- su satisfacción (o insatisfacción) respecto de su empleo.

El texto debe tener una extensión de **entre 130 y 150 palabras**.

OPCIÓN 2

Lea el siguiente mensaje que le ha dejado el jefe de Recursos Humanos del lugar en el que va a empezar a trabajar.

> Puesto que queremos optimizar el trabajo de todos los que formamos parte de esta empresa, en el departamento de Recursos Humanos necesitamos que nos informe por escrito de lo que usted hace exactamente a diario, de las cosas que le parecen positivas y de las que cambiaría. Necesitamos su ayuda para seguir mejorando.

Redacte un texto que incluya:

- una lista de las cosas que hace cada día;
- una mención de cosas positivas de su empresa, lugar de trabajo, ocupación;
- alguna cosa que cambiaría si pudiera y sugerencias para mejorar su tipo de trabajo.

El texto debe tener una extensión de **entre 130 y 150 palabras**.

PRUEBA 4 EXPRESIÓN E INTERACCIÓN ORALES

Esta prueba contiene cuatro tareas.

Tarea 1 Realizar una presentación breve. (2-3 minutos)
Usted deberá hablar sobre un tema durante dos o tres minutos.

Tarea 2 Participar en una conversación. (3-4 minutos)
Usted debe dialogar con el entrevistador sobre el tema de la Tarea 1 durante tres o cuatro minutos.

Tarea 3 Describir una fotografía y participar en una conversación. (2-3 minutos)
Usted debe describir una fotografía durante uno o dos minutos. Después, el entrevistador le hará algunas preguntas a partir del tema de la fotografía.

Tarea 4 Diálogo en situación simulada. (2-3 minutos)
Usted debe dialogar con el entrevistador en una situación simulada durante dos o tres minutos.

Tiene 15 minutos para preparar las Tareas 1 y 2. Usted puede tomar notas y escribir un esquema de su exposición que podrá consultar durante el examen; en ningún caso podrá limitarse a leer el esquema.

Tarea 1

Instrucciones

A continuación, tiene un tema y unas indicaciones para preparar una exposición oral. Tendrá que hablar **durante 2 o 3 minutos**. El entrevistador no interviene en esta parte del examen.

TEMA:

Hable de **cómo la gente se forma para una profesión en su país: ¿va mucha gente a la universidad? ¿predominan las profesiones en fábricas? ¿trabaja mucha gente en el campo?**

Incluya información sobre:

- qué país es;
- algunos datos sobre las profesiones, cuáles se valoran más socialmente, en cuáles se gana más dinero, cuáles prefieren los jóvenes;
- indicar cambios, si los hay, en el tipo de empleos que pueden conseguir los jóvenes;
- explicar si saber español puede ayudar a encontrar un buen trabajo en su país.

Es importante:

- diferenciar las partes de su exposición: introducción, desarrollo y conclusión final;
- ordenar y relacionar bien las ideas;
- justificar sus opiniones y sentimientos.

Tarea 2

Instrucciones

Cuando haya terminado su exposición, usted deberá mantener una conversación con el examinador sobre el tema de la Tarea 1 **durante 3 o 4 minutos.**

EJEMPLOS DE PREGUNTAS DEL ENTREVISTADOR:

- *¿Cuál es su profesión o cuál quiere que sea? ¿En qué consiste? ¿Por qué la eligió?*
- *Si pudiera cambiaría de profesión: ¿Iría a otro país si en el suyo no hay trabajo?*
- *De los trabajos que ha tenido, ¿qué ha sido lo mejor? ¿Y lo peor?*
- *¿Cuáles son los aspectos más importantes en su opinión para elegir una profesión? ¿Y para aceptar un empleo? ¿Por qué?*
- *¿Qué consejos daría a alguien que va a ir a trabajar a su país?*

Tarea 3 **Instrucciones**

Observe la siguiente imagen:

Describa con detalle lo que ve en la foto y lo que imagina que está ocurriendo.

Estos son algunos aspectos que puede comentar:

- Las personas: dónde están, cómo son, qué hacen.
- El lugar en el que se encuentran: cómo es.
- Los objetos: qué objetos hay, dónde están, cómo son.
- ¿Qué relación cree que existe entre las personas?
- ¿De qué cree que están hablando?

Posteriormente, el entrevistador le hará algunas preguntas.

EJEMPLOS DE PREGUNTAS DEL ENTREVISTADOR:

- *¿Ha estado usted en algún lugar parecido al de la imagen? / ¿Conoce usted algún lugar parecido al de la imagen?*
- *¿Cómo es? ¿Cuántas personas trabajan en él? ¿Qué tipo de trabajo hacen?*
- *¿Le gustaría trabajar en algún lugar parecido? ¿Por qué? / ¿Por qué no?*
- *¿Qué tipo de trabajo le gustaría hacer en el futuro?*

Tarea 4 **Instrucciones**

Usted debe dialogar con el entrevistador en una situación simulada **durante 2 o 3 minutos**.

EJEMPLO DE SITUACIÓN:

Usted acude a una entrevista para un puesto de trabajo (el que usted imagine) en el que va a necesitar saber español.
Imagine que el entrevistador es el encargado de realizar la entrevista para seleccionar al candidato adecuado. Hable con él siguiendo estas indicaciones.

Durante la conversación con el entrevistador usted debe:
- informar acerca de su formación: estudios, experiencia;
- hablar sobre sus conocimientos de español;
- mencionar si ha vivido o visitado países hispanohablantes;
- expresar su opinión sobre el puesto de trabajo.

EJEMPLO DE PREGUNTAS DEL ENTREVISTADOR:

- *Hola, buenos días. ¿Cuál es su nombre?*
- *¿Sabe usted los requisitos para este empleo?*
- *¿Sabe usted español? ¿Cuánto tiempo lo ha estudiado? ¿Dónde lo ha estudiado? ¿Sabe usted más idiomas?*
- *¿Por qué cree usted que es la persona adecuada para este empleo?*

PRUEBA 1 COMPRENSIÓN DE LECTURA

Tarea 1

1. H

[...] ofrece dos puestos *de becario.*

(Parece un despacho prestigioso y no exige que el solicitante ya sea abogado. Parece perfecto para Luis).

2. A

Agencia de publicidad [...] necesita [...]. *No es necesaria experiencia.*

(El perfil de Paloma es adecuado para esta oferta de trabajo).

3. I

[...] ofrece un puesto para *especialista en literatura hispanoamericana.* [...] acreditar *experiencia...*

(Montse puede acreditar ambas cosas).

4. B

Si es un *traductor al español con experiencia* [...]. Somos un grupo [...] especializado en cómics *originales en inglés...*

(Pablo tiene experiencia como traductor de inglés a español).

5. J

¿Se *ha graduado* usted *en Derecho*? [...] nuestra organización *pro derechos de la infancia...*

(Pilar acaba de terminar la carrera de Derecho y le gustaría trabajar a favor de los derechos humanos).

6. D

[...] si quiere *trabajar desde su casa.* Buscamos personas con *experiencia* en el campo del *diseño gráfico...*

(Andrés es diseñador gráfico con experiencia y le gustaría trabajar en su casa).

Tarea 2

7. c

Se le considera *una de las figuras mexicanas más prominentes en Hollywood...*

(Salma Hayek ha sido nominada al premio Óscar, pero no lo ganó. Ella nació en Veracruz, pero el texto no habla de que tenga una productora en esa ciudad).

8. c

[...] y consiguió la fama con *papeles* en *películas anglófonas*, tales como *Desperado...*

9. a

Entre las *películas* recientes *se incluyen* [...] y *El gato con botas* (2011) *junto a* Antonio Banderas.

10. c

[...] ahí le diagnosticaron *dislexia.* Habla *varios idiomas...*

(Solamente el padre de Salma se dedica a la política. Su familia es católica, pero no dice que esa sea la razón de su nombre)

11. a

[...] la fundación *One Drop* para preservar el agua...

(Según el texto, a Salma Hayek le preocupa el ambiente ecológico, pero no hizo ningún anuncio al respecto y tampoco fue la protagonista del documental *Home*).

12. b

[...] el día de San Valentín, Hayek *se casó por lo civil* con Pinault en París. La *boda religiosa* [...] tuvo lugar el sábado 26 de abril...

(Hubo dos bodas).

Tarea 3

13. C

[...] mi abuela *fue maestra* [...]. no sigo la costumbre de ser *maestro rural...*

14. B

[...] empecé a formarme como *gimnasta* [...]. *dejé de competir en los campeonatos internacionales...*

15. A

Para mí *estaba muy claro a qué me quería dedicar.*

16. C

El colegio tiene unas *instalaciones estupendas: piscina olímpica, pistas de tenis, gimnasio...*

17. A

[...] practicar deporte *–sobre todo jugar al baloncesto–...*

18. B

Ahora soy yo quien trabaja *entrenando a jóvenes...*

Tarea 4

19. E	**22. D**
20. H	**23. C**
21. F	**24. B**

Tarea 5

25. b

El verbo *encontrar* pide la conjunción *que* para introducir la subordinada sustantiva de complemento directo.

26. a

La única posibilidad es *alcanzar*, que está en infinitivo. La única forma verbal que puede aparecer después de una preposición.

27. c

La opción correcta es *pero* –conjunción adversativa– que sirve para poner una objeción a lo que se ha dicho en el párrafo anterior y así relacionarlos.

28. b

Sean –verbo *ser*– es la única posibilidad correcta. *Ser de*, en este contexto, expresa una característica de los salarios (de muchas cifras, es decir, *muy altos*). *Estar de* no puede definir, ni expresar características. *Estar de* expresa circunstancias, o estados: estar de viaje, estar de paseo, estar de broma.

29. a

La selección de *sector*, se puede hacer básicamente porque es la única de las tres palabras de género masculino, algo que nos anuncia *del*. Las otras palabras *sección* y *serie* son femeninas. Así, aunque no se sepa qué significa *sector* exactamente, se puede elegir la respuesta correcta con la ayuda de la competencia gramatical.

30. c

Uno es la respuesta correcta porque *algunos* es plural y *algo* no tiene un referente concreto.

PRUEBA 2 COMPRENSIÓN AUDITIVA

Tarea 1

1. a

Contamos con una gran selección de chicos y chicas *para la limpieza y el cuidado de la casa...*

2. c

[...] y que *estén dispuestas* a participar en una *sesión de fotografía* de entre *tres y cinco horas de duración.*

3. c

Necesitamos seis personas dinámicas *para trabajar en verano...*

4. b

Es necesario que cuente al menos con *dos años de experiencia* en servicios de mantenimiento de redes similares.

5. c

[...] podrás *ganar dinero extra sin moverte de casa.*

6. c

[...] *trabajar realizando promociones nocturnas...*

Tarea 2

7. b

[...] que dedica tiempo todas las semanas a hablar de *profesiones* y sus posibilidades para *encontrar trabajo.*

8. a

[...] parece un poco raro que, después de *estudiar Filología Española,* dé clases de inglés...

9. c

De pequeña viví en Estados Unidos...

10. b

[...] mis padres pasaban mucho tiempo preparando sus clases [...] *su ejemplo* me convenció de que la *enseñanza* era una *buena opción para mí.*

11. c

[...] y al terminar mi tesis, ser profesora de español en alguna buena *universidad* allí. (*Allí* es en Estados Unidos).

12. c

Me gustaría quedarme en España para hacer aquí *el doctorado...*

Tarea 3

13. b

[...] será necesario poseer *ciertas competencias.* [...] así como la *capacidad* para coordinar y *gestionar.*

14. b

[...] *carteros* o personal de oficinas de correos [...] son algunas de las *profesiones que corren más peligro.*

15. c

[...] las razones de este bajo nivel de emprendimiento [...] *falta de preparación.*

16. a

Estas máquinas *no solo desplazarán a los humanos* en ciertas actividades, sino que *incluso harán actividades que el hombre es incapaz de hacer.*

17. c

Una profesión con futuro parece ser la de *médico cirujano,* especializado en *cirugía de trasplantes.*

18. a

Psicólogos. Estos profesionales actualmente están *cada vez más solicitados por las empresas* de cualquier ámbito.

Tarea 4

19. E

Me encanta mi profesión: *es la que quería desde niña.*

20. C

[...] aunque intentamos resistir *tuvimos que cerrar el estudio.*

(Si este arquitecto tuvo que cerrar el estudio se quedó sin trabajo).

21. J

[...] Ahora tengo *mi propia empresa,* en la que también trabajan *mi esposa y* dos de *sus hermanos...*

22. G

Me *casé muy joven* [...] yo también *quería volver a estudiar. Me matriculé en la universidad...*

(Esta mujer empezó la universidad después de casarse y de tener a sus hijos).

23. A

Pero como me encantan los aviones, decidí hacerme *auxiliar de vuelo.*

(El hombre que habla trabaja en un avión, pero no es piloto, aunque quería serlo de pequeño).

24. D

Ahora *soy traumatóloga* e intento *curar* brazos y piernas rotos.

Tarea 5

25. A

[...] de dos de las entrevistas *salí muy contento.*

26. B

[...] aunque tengo un trabajo, no me gusta y además *me pagan muy mal.*

27. C

Mira a *Diana, se va a despedir de su trabajo* porque...

28. B

Necesito mi sueldo, aunque sea bajo, porque *tengo que vivir.*

29. A

Yo tengo la suerte de que *mi abuela,* que es una mujer rica, *me ayuda a pagar el alquiler.*

30. C

Sí, pero ahora *ella se quiere cambiar de casa* y...

(*Ella* es la abuela de Adrián).

CLAVES DE RESPUESTA

PRUEBA 1 COMPRENSIÓN DE LECTURA

TAREA 1	1H	2A	3I	4B	5J	6D
TAREA 2	7c	8c	9a	10c	11a	12b
TAREA 3	13C	14B	15A	16C	17A	18B
TAREA 4	19E	20H	21F	22D	23C	24B
TAREA 5	25b	26a	27c	28b	29a	30c

PRUEBA 2 COMPRENSIÓN AUDITIVA

TAREA 1	1a	2c	3c	4b	5c	6c
TAREA 2	7b	8a	9c	10b	11c	12c
TAREA 3	13b	14b	15c	16a	17c	18a
TAREA 4	19E	20C	21J	22G	23A	24D
TAREA 5	25A	26B	27C	28B	29A	30C

EXAMEN 2
Ocio y tiempo libre

PRUEBA 1 COMPRENSIÓN DE LECTURA

Esta prueba contiene cinco tareas. Usted debe responder a 30 preguntas.
Duración: **70 minutos**

Tarea 1

Instrucciones

Usted va a leer seis textos en los que varias personas explican sus gustos cinematográficos o preferencias para elegir películas, y diez resúmenes de películas en cartel. Relaciones las personas (1-6) con los textos de la cartelera (A-J).

HAY TRES TEXTOS QUE NO DEBE RELACIONAR.

	PERSONA	TEXTO
0.	LOLA	D
1.	PACO	
2.	MERCEDES	
3.	MATEO	
4.	CARLOTA	
5.	MIGUEL	
6.	LAURA	

 **0. LOLA**	Es montadora de cine. Le encantan las películas con muchos efectos especiales, grandes desastres y una visión apocalíptica de la tierra.
 **1. PACO**	Es maestro y siempre está interesado en libros y documentales que traten temas de educación.
 **2.MERCEDES**	El fin de semana va a tener a sus nietos mellizos de nueve años y quiere llevarlos al cine un rato; a los niños les encantan los animales que protagonizan aventuras.
 **3. MATEO**	Está un poco bajo de ánimo y no ha encontrado a ningún amigo para salir. No es muy cinéfilo, pero hoy le gustaría ver algo divertido y entretenido.
 **4. CARLOTA**	Es médico, pero le fascinan las novelas y películas históricas: sobre todo si tratan de reyes, princesas, y ocurren intrigas en la corte.
 **5. MIGUEL**	Él y su novia van al cine todos lo sábados. Les encantan las películas románticas y también las que tienen intriga.
 **6. LAURA**	Es atleta. Le interesan mucho todas las películas que están relacionadas con el mundo del deporte.

CARTELERA

A	**Camino a la escuela** Un documental que narra la historia real y extraordinaria de cuatro niños de cuatro puntos muy distantes de la Tierra que deben enfrentarse diariamente con una multitud de adversidades y peligros para llegar a la escuela.
B	**Cuando cae la nieve** Katya es una espía estadounidense en la época de la guerra fría a la que se le asigna la misión de conseguir información secreta de Alexander, joven promesa del gobierno ruso. Lo último que espera es que va a enamorarse de él.
C	**El gran día** Cuenta la historia real de dos chicas y dos chicos procedentes de diferentes puntos del mundo que se enfrentan a una prueba que podrá cambiar y mejorar sus vidas y las de sus familias para siempre.
D	**La quinta ola** Cuatro oleadas de ataques extraterrestres cada vez más mortíferos han dejado diezmada gran parte de la Tierra y a la población mundial. En el amanecer de la quinta ola, entre los últimos vestigios de la humanidad, Cassie es una de las últimas supervivientes.
E	**Con faldas y a lo loco** Una comedia delirante, rodada en 1959 por Billy Wylder, con Jack Lemmon, Tony Curtis y Marilyn Monroe, todos geniales en sus papeles. Para no perdérsela quien no la haya visto todavía.
F	**La gran apuesta** Película basada en un libro de Michael Lewis, que mete el dedo en la llaga de la burbuja inmobiliaria estadounidense que originó la crisis económica.
G	**La verdad duele** Drama médico basado en hechos reales que reconstruye la historia del doctor Omalu (eminente neurólogo) cuyas investigaciones permitieron concluir que el fútbol americano puede producir serias lesiones irreversibles a causa de los golpes en la cabeza.
H	**La corona partida** Cuenta la disputa por el trono de Castilla entre Fernando el Católico y Felipe el Hermoso. Rodada en varios de los escenarios en los que realmente ocurrieron los acontecimientos, como la Cartuja de Miraflores o la Catedral de Toledo.
I	**Zootrópolis** Zootrópolis es una ciudad habitada por los más diversos personajes. Judy, una audaz conejita, llega dispuesta a convertirse en la primera policía de su especie, pero no lo tendrá fácil en un mundo de machos. En la investigación de su primer caso le ayuda un zorro muy zorro.
J	**Despertares** Relata la historia real del descubrimiento, en 1969, de los efectos benéficos temporales de la L-dopa y su aplicación a pacientes catatónicos que sobrevivieron a la epidemia de encefalitis letárgica de 1917-1928.

Tarea 2 **Instrucciones**

Usted va a leer un texto sobre Roberto Bolaño. Después, debe contestar las preguntas (7-12). Seleccione la respuesta correcta (a / b / c).

ROBERTO BOLAÑO

Roberto Bolaño, autor de extraordinario talento, está considerado como una de las voces más importantes de la narrativa en lengua española. Su extensa obra está compuesta por más de una decena de novelas, varias colecciones de cuentos, poemas y numerosos artículos periodísticos. Aunque él mismo se reconoce admirador de los novelistas Jorge Luis Borges y Julio Cortázar, y del poeta Nicanor Parra, su obra es de una gran originalidad y personalidad.

Bolaño nació en Santiago de Chile el 28 de abril de 1953. Pasó su infancia en Viña del Mar, donde cursó sus primeros estudios. También vivió en Quilpué, donde a los diez años desempeñó su primer trabajo en una línea de autobuses que hacía el trayecto entre Quilpué y Valparaíso.

En 1968 la familia se trasladó a Ciudad de México. Con quince años ingresó en el colegio, pero lo abandonó un año más tarde y decidió no volver a ninguna institución educativa: nunca termino la secundaria y por lo tanto no cursó estudios superiores. Fue siempre un ávido lector: leía a todas horas y de todo, desde novelas policíacas hasta los clásicos. En México trabajó como articulista en diferentes medios y en 1972 regresó a Chile, pero tuvo que abandonar el país a causa del golpe de Estado de 1973.

De vuelta a México, fundó, junto con un grupo de poetas mexicanos, un movimiento de vanguardia denominado el infrarrealismo. Pero, unos años más tarde abandonó ese país y, tras viajar por varios países americanos y europeos, en 1977 se trasladó a España, a Barcelona. Sus primeros tiempos fueron muy difíciles y tuvo que desempeñar muy variados trabajos eventuales: vigilante nocturno, camarero, lavaplatos. Más tarde se trasladó a Blanes (en Gerona), allí se casó en 1985 y tuvo a sus hijos Lautaro y Alexandra.

En 1988 ganó el premio Herralde de narrativa con su novela *Los detectives salvajes*, que obtuvo al año siguiente el Premio Rómulo Gallegos. Estos galardones le supusieron el inicio de su reconocimiento como gran escritor y le llevaron a ser objeto de muchas entrevistas. A pesar de esta incipiente fama, Bolaño siguió manteniendo su misma vida austera y sin ostentaciones.

Roberto Bolaño falleció en Barcelona en 2003 a los 50 años a causa de una grave dolencia hepática. Un año después de su muerte, su novela póstuma *2666* obtuvo el Premio Salambó a la mejor novela escrita en español.

Este autor se ha convertido en uno de los escritores en lengua española más influyentes y con mayor reconocimiento internacional, como lo demuestran las traducciones a varios idiomas (inglés, francés, alemán, italiano, etc.), así como las numerosas publicaciones consagradas a su obra.

PREGUNTAS

7. En el texto se dice que Roberto Bolaño...
- [ ] a) prefería escribir novelas.
- [ ] b) ha sido influido por Borges.
- [ ] c) tiene una obra muy personal.

8. Cuando Bolaño era pequeño...
- [ ] a) pasó su infancia en Santiago de Chile.
- [ ] b) fue a la escuela en Viña del Mar.
- [ ] c) tuvo un trabajo en Valparaíso.

9. En 1968 la familia se mudó a México y Roberto...
- [ ] a) desarrolló una gran pasión por la lectura y empezó a publicar.
- [ ] b) terminó su educación secundaria un año después de llegar.
- [ ] c) viajó a Chile en 1973 para escribir acerca del golpe de Estado.

10. Según el texto, los primeros tiempos de Bolaño en España fueron...
- [ ] a) difíciles porque echaba de menos el infrarrealismo.
- [ ] b) duros porque solo encontraba empleos precarios.
- [ ] c) emocionantes porque viajó mucho y se casó.

11. En el texto se dice que...
- [ ] a) en 1998 Bolaño ganó el premio Rómulo Gallegos.
- [ ] b) la novela *Los detectives salvajes* ganó dos premios.
- [ ] c) el premio Herralde cambio el modo de vida de Bolaño.

12. Un año después de la muerte de Bolaño, su novela *2666*...
- [ ] a) se tradujo al inglés.
- [ ] b) se publicó internacionalmente.
- [ ] c) ganó un importante premio.

Tarea 3 **Instrucciones**

Usted va a leer tres textos en los que tres personas hablan de su afición por la pintura y recuerdan cómo se iniciaron en ella. Relacione las preguntas (13-18) con los textos (A / B / C)

PREGUNTAS

		A. MARGARITA	B. BRUNO	C. NATALIA
13.	¿A quién no le gustaba dibujar en su infancia?			
14.	¿Quién pasaba mucho tiempo pintando desde su infancia hasta hace poco?			
15.	¿Quién ha ido a una academia de enseñanza de dibujo y pintura?			
16.	¿Quién está pensando en hacer de la pintura su carrera?			
17.	¿Quién ha vendido algún cuadro suyo?			
18.	¿Quién ha descubierto recientemente que le gusta pasar tiempo pintando?			

TEXTOS

A. MARGARITA

Mi madre me inscribió en una academia de pintura para ir por las tardes después de salir del colegio. Ella tenía que trabajar y no había nadie que me pudiera cuidar, así que la academia fue la solución. Además, desde niña me encantaba dibujar: ya en el parvulario, solo con tres años, llenaba papeles y papeles con dibujos. Para mi cumpleaños siempre quería que me regalaran lápices de colores y luego, ya más adelante, pinturas, con las que poder hacer cuadros. También me encanta ir a exposiciones y museos. El próximo año ya tengo que empezar la universidad y no sé todavía si voy a dedicarme completamente a la pintura y matricularme en Bellas Artes o seguir con la academia y compaginar el arte con mi otra gran vocación: llegar a ser médico.

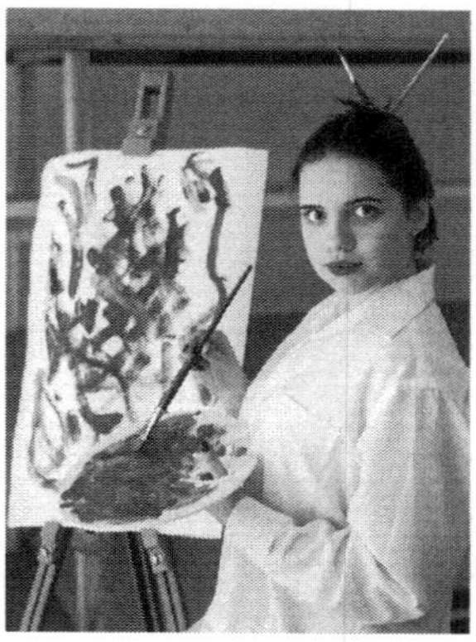

B. BRUNO

En mi familia todo el mundo pinta y dibuja: mi padre, mi madre y mi abuelo paterno son arquitectos, mi abuela materna es pintora y su marido ilustrador de libros, y mi abuela paterna es diseñadora de interiores. De pequeño, me encantaba ir a casa de mi abuela pintora porque tenía pinceles y acuarelas y me dejaba usarlos; además me enseñaba a dibujar: fue la mejor maestra que podría haber tenido y, gracias a ella, participé en algunas exposiciones colectivas y hasta compraron dos cuadros míos. A mí me encanta pintar y hasta hace un par años todo mi tiempo de ocio lo dedicaba a ello, pero quiero ser bombero y ahora paso todas mis horas preparándome.

C. NATALIA

Yo he empezado a pintar de mayor. Cuando era pequeña me regalaban lápices de colores y pinturas, pero era algo que no me entusiasmaba, me gustaba mucho más montar en patinete o ir en bici. Y luego, siempre he preferido pasar mi tiempo libre practicando algún deporte. Precisamente esquiando me rompí una pierna y tuve que guardar reposo y estar quieta. Como no me gusta mucho leer, ni ver la tele, pedí que me trajeran cuadernos, lápices de colores, acuarelas y me di cuenta de que eso me encantaba y, además, parece que no se me da mal. Un amigo que tiene una galería de arte me quería comprar una acuarela. Ahora ya estoy bien, y estoy pensando en ir a una academia y aprender a dibujar bien.

Tarea 4 **Instrucciones**

Lea el siguiente texto del que se han extraído seis fragmentos. A continuación, lea los ocho fragmentos propuestos (A-H) y decida en qué lugar del texto (19-24) hay que colocar cada uno de ellos.

HAY DOS FRAGMENTOS QUE NO TIENE QUE ELEGIR.

AFICIONES CULTURALES

Según los datos recogidos por la Sociedad General de Autores en un estudio sobre los hábitos de consumo cultural en España, los españoles no sienten gran afición por la lectura, ya que la mitad de la población actual confiesa que no lee nunca, solo la tercera parte lee con regularidad (no se establecen diferencias entre hombres y mujeres), la novela contemporánea es el género preferido, y el consumo más bajo corresponde a obras de teatro y poesía. La prensa tampoco aporta mayor número de adeptos, **19.** _______________. Los hombres prefieren los diarios deportivos, o las noticias deportivas, seguidas de la política y la economía, frente a las mujeres que prefieren la cultura, la moda, la decoración y los asuntos sentimentales.

Donde hay unanimidad es en el consumo de televisión, **20.** _______________, y los programas más vistos son los deportivos (sobre todo el fútbol, donde se disparan los índices de audiencia), cotilleos, series y alguna que otra película de los EE.UU.

Con respecto al cine, en los últimos años había aumentado la asistencia a las salas, incluso en un promedio mayor al de los otros países europeos, pero desde 2010 ha bajado el número de espectadores, sobre todo para ver cine español, ya que ganan ampliamente las superproducciones de los Estados Unidos. **21.** _______________. La falta de asistencia a los cines se cubre con las películas en casa tanto en DVD, canales digitales o través de internet.

La asistencia al teatro es mucho menor, hay un gran número de españoles que nunca ha ido a un teatro, pero actualmente, **22.** _______________, tanto de las compañías nacionales de teatro clásico, como otros de iniciativa privada, ha aumentado el número de espectadores. **23.** _______________.

La música sí forma parte de la vida cotidiana de los españoles. **24.** _______________, el tópico sería que los más jóvenes prefieren el *pop*, *rock*, *hip-hop*, *dance*, y con el paso de los años se van decantando hacia géneros más tradicionales como la balada, la copla, el flamenco, y la música clásica.

FRAGMENTOS

A. gracias a los buenos montajes
B. Son los más jóvenes los que más van al cine, a partir de los 35 años desciende debido a las responsabilidades familiares
C. Los periódicos se venden por las mañanas y por las tardes en los quioscos de prensa
D. la actividad de ocio a la que se dedica más tiempo
E. la proporción de lectores es similar a la de libros, aunque en el caso de la prensa si hay diferencias en las preferencias según el género
F. los actores muy jóvenes tienen sueldos bastante bajos
G. También han contribuido a popularizar el teatro entre los jóvenes las promociones de entradas a mitad de precio para grupos escolares
H. Los gustos hacia los diferentes géneros van cambiando con la edad

Tarea 5 **Instrucciones**

Lea el texto y rellene los huecos (25-30) con la opción correcta (a / b / c).

JÓVENES Y TIEMPO LIBRE

Los adolescentes de nuestro país son conscientes de que no dedican el tiempo suficiente a tareas culturales y educativas y, aun así, no le dedicarían más. Un reciente estudio elaborado por Keepunto, un portal dedicado a los _____**25**_____ que fomenta el esfuerzo como base del aprendizaje, ha concluido que el 88 % de los adolescentes dedica poco tiempo o nada a actividades _____**26**_____ la lectura, el teatro, etcétera.

Este tipo de ocupaciones es el que menos interesa a los jóvenes, y es que, según el estudio de Keepunto, si _____**27**_____ más tiempo a lo largo del día, lo gastarán en otras cosas como estar con los amigos, hacer deporte o _____**28**_____ con los videojuegos.

Otras de las actividades que más tiempo ocupan a los jóvenes _____**29**_____ las de carácter social y tecnológico (usar el móvil, chatear, usar las redes sociales...). La televisión es una de las perjudicadas. Los jóvenes de hoy _____**30**_____ día han modificado sus hábitos de consumo de televisión y muchos acceden a los contenidos televisivos a través de internet.

OPCIONES

25.	a) juventud	b) jóvenes	c) rejuvenecido
26.	a) que	b) tales	c) como
27.	a) tendrán	b) tendrían	c) tienen
28.	a) jugar	b) tocar	c) mirar
29.	a) hay	b) son	c) están
30.	a) por	b) en	c) a

PRUEBA 2 COMPRENSIÓN AUDITIVA

Esta prueba contiene cinco tareas. Usted debe responder a 30 preguntas.
Duración: **40 minutos**

Tarea 1 Instrucciones

6

Usted va a escuchar seis anuncios. Escuchará cada anuncio dos veces. Después, debe contestar a las preguntas (1-6). Seleccione la opción correcta (a / b / c).

Ahora tiene 30 segundos para leer las preguntas.

PREGUNTAS

Anuncio 1

1. Según el anuncio, los festejos programados en la ciudad para el fin de semana incluyen...
- ☐ a) recitales de poesía.
- ☐ b) un concierto en la catedral.
- ☐ c) bailes en las calles.

Anuncio 2

2. Kike Gálvez es...
- ☐ a) un solista de la orquesta nacional.
- ☐ b) un cantante muy original.
- ☐ c) un intérprete de música popular.

Anuncio 3

3. El parque Sensaciones ofrece un fin de semana gratis a...
- ☐ a) los niños menores de diez años.
- ☐ b) las personas que se inscriban antes del día 10.
- ☐ c) diez familias seleccionadas por sorteo.

Anuncio 4

4. Según el anuncio, si compra en esa tienda durante diez días...
- ☐ a) le regalarán el equipo para ir al gimnasio.
- ☐ b) obtendrá un descuento en una serie de productos.
- ☐ c) todo lo encontrará con el 20 % de descuento.

Anuncio 5

5. En esta audición se anuncia que en el Paseo de Recoletos...
- ☐ a) se celebrará la reunión anual de los libreros de Lance.
- ☐ b) se inaugurará por primera vez la Feria del libro Antiguo.
- ☐ c) se podrán comprar libros antiguos durante más de dos semanas.

Anuncio 6

6. Según la audición, la oferta de *De dos en dos* consiste en...
- ☐ a) cenar dos personas por el precio de una.
- ☐ b) tomar postres gratis si vas en compañía.
- ☐ c) no pagar las bebidas si vas con alguien.

Tarea 2

Instrucciones

7

Usted va a escuchar un fragmento del programa «Hábitos de ocio de los españoles». Escuchará la audición dos veces. Después, debe contestar a las preguntas (7-12). Seleccione la opción correcta (a / b / c).

Ahora tiene 30 segundos para leer las preguntas.

PREGUNTAS

7. A la hora de planificar el ocio, los españoles...

- [ ] a) prefieren hacerlo con su pareja.
- [ ] b) tienen en cuenta el tiempo que va a hacer.
- [ ] c) piensan en nuevas relaciones.

8. Según el estudio, a los españoles encuestados...

- [ ] a) les gusta casi igual asistir a conciertos que ir de compras.
- [ ] b) les encanta hacer deporte al aire libre.
- [ ] c) les apetece más salir a comer que a cenar.

9. El artículo dice que...

- [ ] a) el 60 % de todos los encuestados elige un ocio tranquilo.
- [ ] b) los menores de 25 años van poco al cine porque es caro para ellos.
- [ ] c) dos de cada cinco mileuristas excluyen los conciertos de entre sus opciones de ocio.

10. Según el artículo, con actividades menos caras...

- [ ] a) casi el 50 % de los españoles invertiría más en ocio.
- [ ] b) los mayores de 65 años irían más al cine.
- [ ] c) los *millenials* saldrían más a comer o cenar.

11. Según el artículo, la falta de variedad es un factor que influye en cómo pasar el tiempo libre a...

- [ ] a) un 20 % de las personas preguntadas.
- [ ] b) un tercio de los hombres de 65 años.
- [ ] c) más de un 7 % de las personas con hijos.

12. Según el estudio, los españoles, en general, eligen pasar su tiempo libre con...

- [ ] a) los hijos cuando se pregunta a mujeres.
- [ ] b) la pareja si se trata de gente joven.
- [ ] c) los amigos o solos las personas mayores.

Tarea 3 **Instrucciones**

8

Usted va a escuchar en un programa radiofónico seis noticias breves. Escuchará el programa dos veces. Después, debe contestar a las preguntas (13-18). Seleccione la respuesta correcta (a / b / c).

Ahora tiene 30 segundos para leer las preguntas.

PREGUNTAS

Noticia 1

13. La San Silvestre Vallecana es una carrera muy popular...

- [ ] a) para corredoras femeninas.
- [ ] b) con la que se despide el año.
- [ ] c) sin requisitos para los participantes.

Noticia 2

14. El cine español ha anunciado su candidatura a los Premios Platino con...

- [ ] a) ocho títulos seleccionados.
- [ ] b) cinco coproducciones.
- [ ] c) tres películas de ficción.

Noticia 3

15. En el acto del martes a las 19:30, se dialogará sobre...

- [ ] a) el Premio Nacional de Periodismo Jacinto Antón.
- [ ] b) la importancia de Fernando Savater como filósofo.
- [ ] c) el pensamiento en las novelas del escritor Javier Marías.

Noticia 4

16. Si tiene planes de pasar en Madrid el fin de semana,...

- [ ] a) no se olvide de que hay muchos atascos.
- [ ] b) podrá encontrar muchas cosas que hacer con los niños.
- [ ] c) recuerde que se vive a un ritmo frenético.

Noticia 5

17. Según la noticia, las personas mayores de 65 años, en su tiempo libre...

- [ ] a) les gusta ir a bailes, especialmente a las mujeres.
- [ ] b) prefieren el voluntariado social que ir a un centro de ocio.
- [ ] c) eligen el deporte como una de sus actividades favoritas.

Noticia 6

18. En la audición se dice que el Campamento de Lectura...

- [ ] a) tiene como objetivo experimentar la lectura en familia.
- [ ] b) busca que los niños descubran el potencial de la lectura.
- [ ] c) se centra en los intereses de los lectores del siglo XXI.

Tarea 4

Instrucciones

9

Usted va a escuchar a seis personas que hablan de cómo les gusta pasar el tiempo libre y disfrutar de su ocio. Escuchará a cada persona dos veces. Seleccione el enunciado (A-J) que corresponde al tema del que habla cada persona (19-24). Hay diez enunciados incluidos en el ejemplo. Seleccione seis.

Ahora escuche el ejemplo.

Persona 0
La opción correcta es el enunciado A.

Ahora tiene 20 segundos para leer los enunciados.

ENUNCIADOS

A. Le encanta pasear por el campo.
B. Practica el piragüismo.
C. Lee en su tiempo libre.
D. Visita exposiciones y museos.
E. Cocina para sus amigos.
F. Pinta acuarelas de paisajes.
G. Le gusta mucho ver películas.
H. Se relaja planchando la ropa.
I. Aprende bailes de salón.
J. Disfruta de sus hijos.

OPCIONES

	PERSONA	ENUNCIADO
0.	Persona 0	**A**
19.	Persona 1	
20.	Persona 2	
21.	Persona 3	
22.	Persona 4	
23.	Persona 5	
24.	Persona 6	

Tarea 5

Instrucciones

10

Usted va a escuchar una conversación entre dos personas, Anselmo y Begoña. Indique si los enunciados (25-30) se refieren a Anselmo (A), a Begoña (B) o a ninguno de los dos (C). Escuchará la conversación dos veces.

Ahora tiene 25 segundos para leer los enunciados.

	A. Anselmo	**B. Begoña**	**C. Ninguno de los dos**
0. Pregunta si el otro tiene planes.		**X**	
25. Quiere ir de pesca el fin de semana.			
26. Le gusta caminar por las montañas en compañía de amigos.			
27. Piensa alquilar una casa para varias personas.			
28. No le resulta fácil estar con personas que no conoce bien.			
29. Tiene planes de pasar tiempo leyendo.			
30. Dedica muchos fines de semana a bailar.			

PRUEBA 3 EXPRESIÓN E INTERACCIÓN ESCRITAS

Esta prueba contiene dos tareas.
Duración de la prueba: **60 minutos**

Tarea 1

Instrucciones

Conteste al correo electrónico que le ha escrito su amiga Lucía.

> ¡Hola!
>
> ¿Cómo estás? ¿Tienes planes para las vacaciones de Semana Santa? Ojalá que no los hayas hecho todavía. Resulta que mis padres se van de viaje a China diez días y voy a tener la casa para mí sola, así que podrías venir a pasar aquí esos días. Ya sabes que en Valencia hay montones de cosas que hacer para divertirse y además tenemos la playa. Contéstame pronto y dime que sí aceptas esta invitación y dime también que te gustaría hacer.
>
> Te espero.
> Un abrazo,
> Lucía

Enviar

Escriba un correo electrónico contestando las preguntas de Lucia. En él deberá:

- saludarla;
- responder a sus preguntas;
- incluir alguna propuesta;
- despedirse.

El texto tendrá una extensión de **entre 100 y 120 palabras**.

Tarea 2

Instrucciones

Elija una de las dos opciones que se le ofrecen a continuación.

OPCIÓN 1

Para su clase de español, cada alumno va a escribir un texto en el que se describa cómo se pasa el tiempo libre o cuáles son las actividades de ocio favoritas de los jóvenes de su país.

En su escrito tiene que incluir:
- lo que hace los fines de semana o en su tiempo libre;
- lo que hizo durante las últimas vacaciones que tuvo;
- lo que hace la gente en su país para divertirse o cómo pasa las vacaciones dependiendo de su capacidad económica, su edad u otras circunstancias;
- lo que le gusta hacer a usted cuando tiene tiempo libre.

El texto debe tener una extensión de **entre 130 y 150 palabras**.

OPCIÓN 2

Va a solicitar un empleo como monitor de tiempo libre y animador cultural en un hotel de la playa. Tiene que escribir un texto que recoja la planificación de las actividades de ocio para una semana.

En su escrito tiene que incluir:
- cómo va a distribuir las actividades (diarias, o solo algunos días);
- un horario de las actividades;
- tipos de actividades de acuerdo con la edad y la condición física de las personas;
- actividades que se pueden practicar de manera gratuita o pagando.

El texto tendrá una extensión de **entre 130 y 150 palabras**.

PRUEBA 4 EXPRESIÓN E INTERACCIÓN ORALES

Esta prueba contiene cuatro tareas.

Tarea 1 Realizar una presentación breve. (2-3 minutos)
Usted deberá hablar sobre un tema durante dos o tres minutos.

Tarea 2 Participar en una conversación. (3-4 minutos)
Usted debe dialogar con el entrevistador sobre el tema de la Tarea 1 durante tres o cuatro minutos.

Tarea 3 Describir una fotografía y participar en una conversación. (2-3 minutos)
Usted debe describir una fotografía durante uno o dos minutos. Después, el entrevistador le hará algunas preguntas a partir del tema de la fotografía.

Tarea 4 Diálogo en situación simulada. (2-3 minutos)
Usted debe dialogar con el entrevistador en una situación simulada durante dos o tres minutos.

Tiene 15 minutos para preparar las Tareas 1 y 2. Usted puede tomar notas y escribir un esquema de su exposición que podrá consultar durante el examen; en ningún caso podrá limitarse a leer el esquema.

Tarea 1

Instrucciones

A continuación, tiene un tema y unas indicaciones para preparar una exposición oral. Tendrá que hablar **durante 2 o 3 minutos**. El entrevistador no interviene en esta parte del examen.

TEMA:

Hable de **un deporte o de una actividad de ocio que es popular en su país o que a usted le parece importante o interesante.**

Incluya información sobre:

- qué tipo de deporte o actividad es; en qué consiste; cuáles son sus características; dónde, cuándo, quién practica ese deporte o se interesa por la actividad;
- por qué le gusta o le interesa a la gente ese deporte o actividad o por qué cree que ese deporte o actividad es popular en su país;
- su opinión sobre este deporte o actividad; su justificación de por qué le gusta o no le gusta, teniendo en cuenta los beneficios o los inconvenientes del deporte o actividad para apoyar su opinión.

No olvide:

- diferenciar las partes de su exposición: introducción, desarrollo y conclusión final;
- ordenar y relacionar bien las ideas;
- justificar sus opiniones y sentimientos.

Tarea 2

Instrucciones

Cuando haya terminado su exposición, usted deberá mantener una conversación con el examinador sobre el tema de la Tarea 1 **durante 3 o 4 minutos**.

EJEMPLOS DE PREGUNTAS DEL ENTREVISTADOR:

- *¿Qué deporte practica? ¿Le gusta? ¿Con qué frecuencia lo hace? ¿Con quién?*
- *¿Ha practicado antes algún otro deporte? ¿Por qué dejó de practicarlo?*
- *¿Cuáles son los aspectos más importantes de practicar un deporte o de llevar a cabo una actividad durante el tiempo de ocio?*
- *¿Por qué ese deporte o actividad es popular en su país? ¿Es igualmente popular para la gente de todas las edades? ¿Para las personas de distinto género?*

Tarea 3 **Instrucciones**

Observe la siguiente imagen:

Describa con detalle lo que ve en la foto y lo que imagina que está ocurriendo.

Estos son algunos aspectos que puede comentar:

- Las personas: dónde están, cómo son, qué hacen.
- El lugar en el que se encuentran: cómo es.
- Los objetos: qué objetos hay, dónde están, cómo son.
- ¿Qué relación cree que existe entre las personas?
- ¿De qué cree que están hablando?

Posteriormente, el entrevistador le hará algunas preguntas.

EJEMPLOS DE PREGUNTAS DEL ENTREVISTADOR:

- *¿Ha estado usted en algún lugar parecido al de la imagen? ¿Cuándo? ¿Con quién?*
- *¿Conoce usted algún lugar parecido al de la imagen? ¿Cómo es? ¿Dónde está?*
- *¿Le gustaría pasar tiempo libre en un lugar así? ¿Por qué? ¿Por qué no?*
- *¿Le gustaría hacer alguna de las actividades que está haciendo alguna de las personas de la foto?*

Tarea 4

Instrucciones

Usted debe dialogar con el entrevistador en una situación simulada **durante 2 o 3 minutos**.

EJEMPLO DE SITUACIÓN:

Usted está interesado en ir a un gimnasio y decide informarse en uno que está en su barrio.
Imagine que el entrevistador es un empleado del gimnasio. Hable con él siguiendo estas indicaciones.

Durante la conversación con el empleado del gimnasio o centro deportivo usted debe:

- indicarle por qué quiere ir a este centro, cuándo puede ir, si va a ir solo o acompañado;
- explicarle cuáles son sus necesidades;
- pedirle que le explique el tipo de ejercicio y actividades de ocio que ofrece este centro.

EJEMPLO DE PREGUNTAS DEL ENTREVISTADOR:

- *Hola, buenos días. ¿En qué puedo ayudarle? ¿Cómo ha sabido de este gimnasio?*
- *¿Cuándo dice que puede venir?*
- *¿Qué tipo de actividad le interesa?*
- *¿Tiene alguna lesión?*

PRUEBA 1 COMPRENSIÓN DE LECTURA

Tarea 1

1. A

Un documental que narra [...] de cuatro niños [...] *para llegar a la escuela.*

(Un documental sobre niños que se esfuerzan para llegar a la escuela interesará a quien le preocupe la educación).

2. I

Zootrópolis [...] habitada por [...] una audaz *conejita* [...] un *zorro muy zorro.*

(A los nietos de Mercedes les gustan los animales).

3. E

Con faldas y a lo loco. Una *comedia delirante.*

(Perfecta para Mateo que busca entretenimiento).

4. H

La corona partida. Cuenta la *disputa por el trono* de Castilla [...] Rodada [...] escenarios en los que *realmente ocurrieron los acontecimientos* [...]

(Adecuada para alguien fascinado por las películas históricas).

5. B

Katya *es una espía* estadounidense [...] la misión de conseguir información secreta de Alexander [...]. Lo último que espera es que *va a enamorarse de él.*

(Tiene los ingredientes que les gustan a Miguel y a su novia).

6. G

Drama médico [...] doctor Omalu [...] *el fútbol americano* puede producir serias lesiones...

(Película que va a interesar a Laura, por su condición de atleta).

Tarea 2

7. c

[...] *su obra es de una gran originalidad y personalidad.*

(Se reconoce admirador de Borges, pero no habla de la influencia de Borges sobre él).

8. b

Pasó su infancia en Viña del Mar, *donde cursó sus primeros* estudios.

(La información relevante para contestar la pregunta es que sus primeros estudios –la escuela– se realizaron en Viña del Mar).

9. a

[...] la familia se trasladó a Ciudad de México. [...] Fue siempre un *ávido lector: leía a todas horas y de todo,* desde novelas policíacas hasta los clásicos. En México *trabajó como articulista* en diferentes medios...

(Bolaño abandonó el colegio después de llegar a México, así que no acabó la secundaria. Viajó a Chile, pero no para escribir sobre el golpe, sino que tuvo que abandonar el país a causa del golpe).

10. b

[...] se trasladó a España [...] primeros tiempos muy *difíciles* [...] variados *trabajos eventuales...*

(El texto no menciona *echar de menos* el infrarrealismo. Dice que Bolaño se casó, pero no que viajó mucho).

11. b

En *1988 ganó* el premio Herralde de narrativa con su novela *Los detectives salvajes* que *obtuvo* al año siguiente el premio Rómulo Gallegos.

(*Los detectives salvajes* obtuvo el premio Rómulo Gallegos, pero no en 1988. Y el texto dice que siguió manteniendo su misma vida. Por lo tanto, la respuesta es b que dice que *Los detectives salvajes* obtuvo dos premios).

12. c

[...] su novela póstuma *2666 obtuvo el premio Salambó* a la mejor novela escrita en español.

(Se mencionan traducciones de obras de Bolaño al inglés, pero no especifica acerca de *2066.* Y también el reconocimiento internacional del autor, pero no del libro *2066.* La idea principal completa es que *2666* obtuvo el premio Salambó).

Tarea 3

13. C

Cuando era pequeña me regalaban lápices de colores y pinturas, pero *era algo que no me entusiasmaba.*

(Si no le entusiasmaba, es que no le gustaba mucho).

14. B

A mí me encanta pintar y hasta hace un par de años *todo mi tiempo de ocio lo dedicaba a ello.*

(Hasta hace dos años, pasaba su tiempo libre pintando).

15. A

Mi madre *me inscribió en una academia de pintura...*

(Margarita ha ido una academia de pintura porque su madre la inscribió).

16. A

El próximo año [...] no sé todavía si voy a [...] y *matricularme en Bellas Artes...*

(Margarita piensa como opción estudiar Bellas Artes).

17. B

[...] y hasta *compraron dos cuadros míos.*

(Si alguien compró cuadros de Bruno, es que los vendió).

18. C

[...] y me di cuenta de que *eso me encantaba...*

(A causa de guardar reposo, Natalia ha empezado a pintar acuarelas y ha descubierto que le gusta mucho hacerlo).

Tarea 4

19. E **22. A**
20. D **23. G**
21. B **24. H**

Tarea 5

25. b

La presencia del artículo *los* hace que la única opción correcta sea *jóvenes.*

26. c

Como, introduce los ejemplos ilustrativos.

27. c

La partícula *si* con valor condicional no puede aparecer delante de los tiempos futuro, ni condicional.

28. a

Jugar *con* los videojuegos. Además, no tiene sentido en este artículo *tocar con* o *mirar con.*

29. b

La respuesta correcta es *son,* porque con un atributo de categoría nominal –*las (actividades) de carácter social*– solo es posible el verbo *ser.* Y desde la perspectiva pragmática se está identificando el tipo de actividades: las de carácter social.

30. b

La respuesta correcta es *en,* porque se dice *hoy en día,* para decir ahora, actualmente.

PRUEBA 2 COMPRENSIÓN AUDITIVA

Tarea 1

1. c
Y el *sábado y el domingo* conciertos y *bailes*...
(El fin de semana comprende el sábado y el domingo).

2. b
El singular intérprete incluirá adaptaciones...
(*Singular intérprete* quiere decir que es muy original).

3. c
El día 25 de abril *se celebrará el sorteo* ante notario para elegir a las *diez familias ganadoras.*

4. b
[...] durante diez días *podrá adquirir más de cien productos* de nuestra tienda [...] *y muchas cosas más con un 20 % de descuento*...
(La solución es b porque no tienen descuento todos los productos. El 20% se aplica a muchos productos, pero no a todos).

5. c
Del 30 de abril al 17 de mayo [...] se celebrará la *Feria del Libro Antiguo* y de Ocasión...

6. a
[...] *todas las noches* [...] *tu acompañante podrá tomar lo mismo que tú completamente gratis.*

Tarea 2

7. a
[...] en España [...] siempre en compañía, *implicando a la pareja.*
(Se menciona el buen tiempo, pero no es decisivo para planificar el ocio).

8. a
En menor medida también gusta *ir de compras (44%), asistir a conciertos (43%)*...
(No sirve *les encanta hacer deporte,* porque en la encuesta tiene un 39%. Y salir a comer o cenar gusta por igual).

9. b
[...] *los menores de 25 años van menos al cine de lo que les gustaría. Les frena el precio.*

10. c
[...] los *milenials* [...] –un 75 % que indica que *el precio les limita*– *destacando* [...] *la restauración.*
(Con precios más bajos saldrían más a comer y cenar).

11. a
Otros condicionantes señalados por los encuestados son *la falta de variedad –un 20%* que ...

12. b
[...] *los jóvenes* son los que *más reparten su ocio entre la pareja y amigos...*

Tarea 3

13. b
[...] San Silvestre Vallecana [...] tendrá lugar el próximo *31 de diciembre.*

14. c
[...] son los *tres títulos seleccionados* por nuestro país para competir...

15. c
Será el momento de conversar en torno al *personal pensamiento narrativo que Marías despliega en sus novelas.*

16. b
[...] un lugar ideal para disfrutar de *planes con niños.* [...] ¡En Madrid *a los pequeños no les falta nada de nada*!

17. c
[...] los españoles de *más de 65 años* [...] se inclinan en primer lugar por hacer turismo, *seguido del deporte...*
(Por lo tanto, el deporte es una de las actividades favoritas).

18. b
[...] *niños y jóvenes experimentarán diferentes formas de lectura...*

Tarea 4

19. I
[...] mi tiempo libre *aprendiendo los pasos del tango, la salsa* ...

20. B
[...] mi afición favorita [...] *ir en piragua.*

21. E
Entonces llamo a *mis amigos y disfrutamos todos de una buena comida o una buena cena.*

22. H
[...] he descubierto que, si *me pongo a planchar* mis camisas [...] *olvidar el estrés* de todo el día y *me tranquiliza.*

23. C
Gracias a *los libros estoy disfrutando del tiempo libre* obligado por mi convalecencia.

24. J
Lo que *más me gusta* hacer es *pasar tiempo con mis hijos.*

Tarea 5

25. A
[...] yo *quería ir a pescar* con Manuel.

26. B
[...] *disfrutar de los paisajes de la sierra,* [...] *me encanta el senderismo* y, en *buena compañía,* más.

27. B
[...] *si vamos ocho personas, el alquiler de la casa* sale a muy buen precio.

28. C
Ya sabes que él es bastante tímido y *le cuesta ser sociable con gente que no conoce mucho.*

29. B
Yo misma *tengo planes de sentarme a leer.*

30. A
[...] todos los sábados [...] *voy a bailar salsa* y ...

CLAVES DE RESPUESTA

PRUEBA 1 COMPRENSIÓN DE LECTURA

TAREA 1	1A	2I	3E	4H	5B	6G
TAREA 2	7c	8b	9a	10b	11b	12c
TAREA 3	13C	14B	15A	16A	17B	18C
TAREA 4	19E	20D	21B	22A	23G	24H
TAREA 5	25b	26c	27c	28a	29b	30b

SOLUCIONES PRUEBA 2: COMPRENSIÓN AUDITIVA

TAREA 1	1c	2b	3c	4b	5c	6a
TAREA 2	7a	8a	9b	10c	11a	12b
TAREA 3	13b	14c	15c	16b	17c	18b
TAREA 4	19I	20B	21E	22H	23C	24J
TAREA 5	25A	26B	27B	28C	29B	30A

EXAMEN 3
Lengua y comunicación

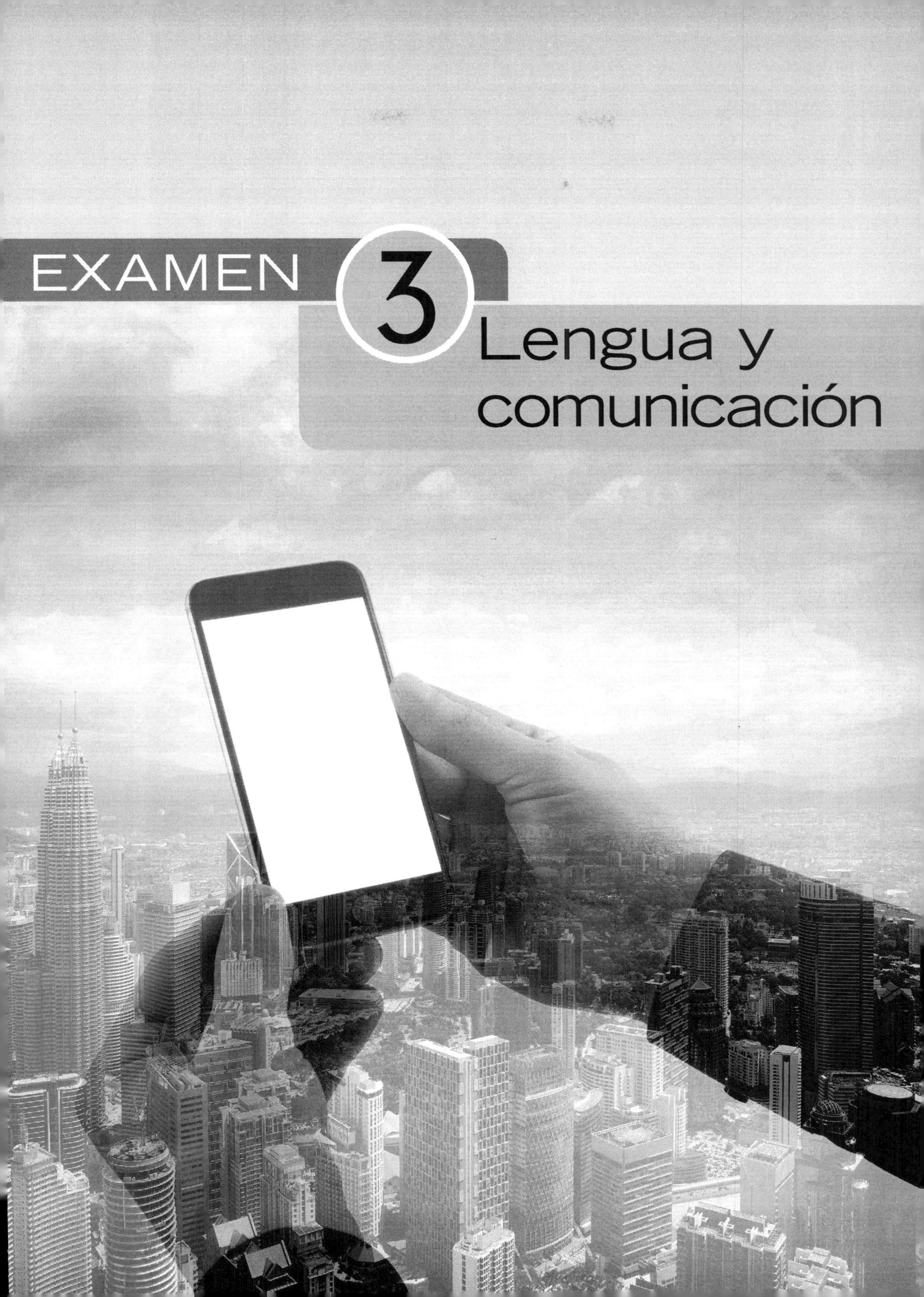

PRUEBA 1 COMPRENSIÓN DE LECTURA

Esta prueba contiene cinco tareas. Usted debe responder a 30 preguntas.
Duración: **70 minutos**

Tarea 1

Instrucciones

Usted va a leer seis textos en los que se describen a varias personas y diez resúmenes de informaciones que podrían ser de su interés. Relaciones las personas (1-6) con los textos de la lista (A-J).

HAY TRES TEXTOS QUE NO DEBE RELACIONAR.

	PERSONA	TEXTO
0.	DANIEL	J
1.	ELENA	
2.	JACOBO	
3.	ESTER	
4.	FÉLIX	
5.	LUISA	
6.	ARIEL	

 **0. DANIEL**	Es un chico de 14 años que estudia Inglés en la escuela desde que tenía cinco años. Es muy buen estudiante y es capaz de entender textos escritos en inglés de dificultad avanzada y puede escribir textos sencillos con corrección. Pero se le resisten las habilidades orales, sobre todo hablar, porque le da vergüenza hacer errores.
 **1. ELENA**	Habla español, inglés y portugués como una nativa. Ha estudiado Derecho Internacional porque su ambición es trabajar para algún organismo internacional como las Naciones Unidas. Está buscando alguna manera de sacar provecho de su conocimiento de lenguas para alcanzar su meta.
 **2. JACOBO**	Piensa que es muy importante saber idiomas, pero para él es muy difícil aprender una lengua extranjera. Por eso quiere que sus hijas gemelas de dos años aprendan idiomas desde niñas y así no tengan el mismo problema que él en su edad adulta.
 **3. ESTER**	Su hija mayor ha conseguido un empleo muy bueno en Fráncfort (Alemania) y va a mudarse allí con sus dos hijos pequeños dentro de dos meses. Ester quiere acompañarla al principio porque el marido de su hija no puede dejar su trabajo de momento. Pero Ester no sabe alemán y eso le preocupa.
 **4. FÉLIX**	El español es su lengua materna. Se educó en el colegio alemán desde pequeño y también estudió Inglés de niño, así que habla y escribe muy bien en todos esos idiomas. Ahora, la empresa en la que trabaja tiene muchos clientes chinos, por lo que debería aprender esa lengua. Su empresa le ofrece pagarle un curso, pero le da un poco de miedo porque nunca ha estudiado una lengua extranjera siendo adulto.
 **5. LUISA**	Está estudiando un grado en Lingüística y está en su último año de carrera. Es una estudiante muy brillante y le gustaría aprender más sobre su especialidad, pero no tiene medios económicos para pagar un curso de máster o de especialización.
 **6. ARIEL**	Se va a jubilar próximamente y se va a ir a vivir al campo para tener una vida tranquila lejos de la ciudad. Como va a tener mucho tiempo libre, le gustaría aprender alguna lengua: le interesan mucho el japonés y el coreano, pero no está dispuesto a cambiar su rutina de vida para ir a una academia a la ciudad para estudiar.

OFERTAS EDUCATIVAS

A	Beca de formación para graduados en Lingüística o estudiantes cursando el último curso de esta especialidad. La beca ofrece la posibilidad de trabajar en un departamento de lingüística computacional. No son necesarios conocimientos previos de programas informáticos avanzados. Los interesados deben enviar su CV a: becas@ministerio.com
B	Máster en Traducción e Interpretación en la prestigiosa escuela de lenguas Linguamond. Formación integral con incorporación inmediata a actividades prácticas. Absolutamente necesario acreditar nivel superior en las lenguas en las que se vaya a matricular. Consulte nuestra página www.linguamond.com para informarse acerca de las lenguas con las que trabajamos, calendario de cursos, horarios, etcétera.
C	El Ministerio de Educación ofrece seis ayudas para especialistas en lingüística que hayan terminado sus estudios en los últimos años. Los seleccionados trabajarán en un laboratorio de lengua bajo la supervisión de un profesor, especialista en fonología. Los interesados deben enviar su CV a: ayudaslingüística@ministerio.com
D	¿Necesita aprender inglés o alemán? En Germanlang somos especialistas en estas lenguas. Todos nuestros profesores son nativos y especialistas en enseñanza de idiomas. Nuestros cursos de tres días a la semana durante seis meses le permitirán llegar al nivel intermedio (B1 del sistema europeo). Sepa más de nosotros en www.germanlang.com
E	Si lleva años tratando de aprender una lengua extranjera europea y esta se le resiste, en Aprendeactivo tenemos la solución. Ofrecemos cursos de inmersión total sin tener que desplazarse al país de la lengua que desee aprender. Con nuestra metodología propia, en seis semanas será capaz de comunicarse de manera oral y escrita en las tareas propias de un nivel intermedio. Más información en www.aprendeactivo.com
F	Nunca es tarde para aprender una lengua extranjera. Somos especialistas en cursos de idiomas para adultos. Nuestra metodología, totalmente personalizada: un profesor por alumno, está destinada a personas que necesiten comunicarse para viajes y negocios. Y hemos incorporado profesores especializados en la enseñanza de lenguas asiáticas como coreano, chino y japonés. Nos encontrará en www.adultosaprenden.com
G	¿Su hijo tiene problemas para seguir las clases de inglés en el colegio? Ofrecemos clases de apoyo para reforzar el aprendizaje de la lengua extranjera. Cursos especiales para niños de entre seis y doce años. Nuestros profesores son especialistas en la didáctica del inglés como lengua extranjera para aprendices jóvenes. Visite nuestra página www.englisheasy.com
H	Nuestra metodología para enseñar inglés a niños, permite que los pequeños puedan aprender la lengua extranjera de manera divertida y práctica. Ofrecemos una variedad de cursos en clases reducidas con profesores nativos, especializados en didáctica de lengua extranjera a niños. Más información en www.childreninlearning.com
I	¿Quiere aprender una lengua sin moverse de su casa? Nuestros cursos en línea hacen posible el aprendizaje de las lenguas más habladas del mundo y de otras muchas. Ofrecemos una variedad de posibilidades dependiendo de sus necesidades o sus exigencias. Para más información sobre nuestros precios, aplicaciones, etc., visite nuestra página www.mundodelenguas.com
J	Somos especialistas en la enseñanza de lenguas para la interacción. ¿Lleva años estudiando una lengua y todavía le cuesta expresarse y conversar en ella? Con nuestros cursos –los tenemos presenciales y en línea– le facilitaremos la práctica oral para la comprensión, la expresión y la interacción. Nos puede encontrar en. www.hablehablehable.com

Tarea 2 **Instrucciones**

Usted va a leer un breve texto sobre Andrés Bello. Después, debe contestar a las preguntas (7-12). Selecciones la respuesta correcta (a / b / c).

ANDRÉS BELLO

Nació en Caracas, Venezuela, el 29 de noviembre de 1781, hijo primogénito de Bartolomé Bello, abogado y fiscal (1758-1804), y Ana Antonia López. En su ciudad natal, el joven Andrés hizo sus primeros estudios. Leyó los clásicos del Siglo de Oro, y desde muy joven frecuentaba el convento de Las Mercedes, donde aprendió latín de manos del padre Cristóbal de Quesada. A la muerte de este (1796), Bello traduce el libro V de la Eneida.

En 1797 empezó sus estudios en la Real y Pontificia Universidad de Caracas, y se graduó de Bachiller en Artes en 1800. Ese mismo año, recibió en Caracas al naturalista alemán Alexander von Humboldt. En su ciudad natal realizó también estudios inacabados de Derecho y Medicina, aprendió por su propia cuenta inglés y francés, y dio clases particulares, siendo uno de sus alumnos el joven Simón Bolívar.

Andrés Bello fue un intelectual extraordinario. Un notable humanista, que desempeñó innumerables funciones –y todas bien– a lo largo de sus 84 años, tanto en su país de origen como en Inglaterra y sobre todo en Chile. A los 70 años de edad, Bello era al mismo tiempo rector de una universidad, consultor del gobierno, senador de la República, y redactor de El Araucano. Además, trabajaba intensamente en la elaboración del Código Civil y en sus obras de derecho, de filología y sus producciones literarias.

No cabe duda que Bello asimiló todo lo que en su tiempo se sabía y lo propagó de manera magistral, porque era un estudioso de los clásicos, tenía una inteligencia clarísima y penetrante, lógica inflexible, capacidad analítica y excelente memoria. Pero, entre todo lo que Bello hizo durante su vida, el Código Civil y la Gramática Castellana son sus obras más conocidas y que han tenido más trascendencia.

La Gramática de la lengua castellana destinada al uso de los americanos es la obra más admirada del insigne humanista venezolano Andrés Bello. Dos filólogos modernos, Amado Alonso y Pedro Henríquez Ureña, dijeron de Bello que fue «el más genial de los gramáticos de lengua española y uno de los más perspicaces y certeros del mundo». Su obra, con las notas explicativas y a veces críticas del filólogo colombiano Rufino José Cuervo, constituye todavía hoy un libro imprescindible para todo estudioso de la gramática castellana.

Andrés Bello llegó a Chile en 1829. En 1832 el Congreso Nacional le otorgó unánimemente la nacionalidad chilena. Desempeñó el cargo de senador por la ciudad de Santiago entre los años 1837 y 1864. Fue el principal y casi exclusivo redactor del Código Civil chileno entre 1840 y 1855, considerado una de las obras más originales de la legislación americana. Impulsor de la Universidad de Chile, fue designado su primer rector, desempeñando el cargo hasta su muerte, que ocurrió en la ciudad de Santiago el 15 de octubre de 1865. Fue enterrado en el Cementerio General de dicha ciudad.

PREGUNTAS

7. Según el texto, Andrés Bello...

- [ ] a) hizo sus primeros estudios en el Convento de Las Mercedes.
- [ ] b) estudió los clásicos del Siglo de Oro con el padre Cristóbal de Quesada.
- [ ] c) aprendió latín muy joven y tradujo un libro de la Eneida.

8. En el texto leemos que...

- [ ] a) Simón Bolívar de joven recibió clases de Andrés Bello.
- [ ] b) Alexander von Humboldt visitó Caracas en 1797.
- [ ] c) Andrés Bello se graduó en derecho y medicina en 1800.

9. El texto nos dice que Andrés Bello...

- [ ] a) a los 84 años vivió sucesivamente en Venezuela, Inglaterra y Chile.
- [ ] b) fue senador de la República después de ser rector de una universidad.
- [ ] c) a los 70 años ocupaba diversos cargos y elaboraba varias obras.

10. Según el texto, Andrés Bello...

- [ ] a) fue un maestro para quienes estudiaban a los clásicos.
- [ ] b) escribió una Gramática Castellana, una de sus obras más importantes.
- [ ] c) durante toda su vida defendió la trascendencia del Código Civil.

11. Leemos que para todo estudioso de la lengua castellana...

- [ ] a) las anotaciones de Rufino José Cuervo son imprescindibles.
- [ ] b) la gramática escrita por Andrés Bello es fundamental.
- [ ] c) los comentarios de Amado Alonso resultan admirables.

12. Leemos que Andrés Bello...

- [ ] a) recibió por unanimidad del Congreso la nacionalidad chilena en 1829.
- [ ] b) intervino activamente en la redacción del Código Civil chileno entre 1840 y 1855.
- [ ] c) desempeñó el cargo de senador por Santiago entre 1832 y 1837.

Tarea 3

Instrucciones

Usted va a leer tres textos en los que tres personas especialistas en lenguajes hablan sobre el tema. Relacione las preguntas (13-18) con los textos (A / B / C).

PREGUNTAS

		A. CARLA	B. IVÁN	C. MARISA
13.	¿Quién eligió su profesión por razones familiares?			
14.	¿Quién sigue sorprendiéndose por cómo se adquiere la lengua?			
15.	¿Quién lee sobre lenguaje por curiosidad?			
16.	¿Quién se dedica al estudio de la adquisición del lenguaje porque siempre se interesó por ese tema?			
17.	¿Quién cree que puede ayudar a la gente?			
18.	¿Quién piensa que el arte es un lenguaje?			

TEXTOS

A. CARLA

Yo empecé a interesarme por el lenguaje, su origen, su adquisición y otros asuntos relacionados con este tema porque leí un libro que creo recordar se llamaba *El mamífero articulado*. Esa lectura me impactó mucho y eso que yo no estaba estudiando Lingüística, ni nada relacionado con la lengua o el lenguaje, pero lo que encontré en esas páginas me pareció muy interesante y me despertó la curiosidad por saber más. Sigo siendo lectora de libros sobre el lenguaje, aunque mi profesión –soy escultora– no tenga que ver directamente con él. Pero, bien pensado, el arte también es un lenguaje que comunica muchas cosas.

B. IVÁN

Yo soy psicolingüista y lo soy por vocación. Siempre me interesó mucho el asunto de cómo los seres humanos somos capaces de adquirir la lengua. La verdad es que es sorprendente que algo tan complejo como es una lengua seamos capaces de aprenderlo por nosotros mismos, sin que nadie nos lo tenga que enseñar. Ese proceso me sigue pareciendo sorprendente y por eso quiero saber más acerca de cómo funciona la mente. Y ahora que he tenido un hijo voy a dedicarme a estudiar sus procesos con mucho interés.

C. MARISA

Yo soy logopeda y nunca pensé que fuera a dedicarme a esta profesión. A mí me encantan los animales y quería ser veterinaria. Pero tengo un hermano pequeño con trastornos del lenguaje, así que cuando tuve que decidirme por una carrera, me incliné por especializarme en Logopedia. Y la verdad es que no me arrepiento. Los trastornos del lenguaje actualmente afectan el 5 % de la población infantil, y no solo los sufren los niños, sino que también los adultos padecen trastornos de este tipo. Yo quería curar y ayudar a los animales, y ahora trato de hacerlo con las personas. Y eso me compensa todo el trabajo y todo el esfuerzo.

Tarea 4 **Instrucciones**

Lea el siguiente texto del que se han extraído seis fragmentos. A continuación, lea los ocho fragmentos propuestos (A-H) y decida en qué lugar del texto (19-24) hay que colocar cada uno de ellos.

HAY DOS FRAGMENTOS QUE NO TIENE QUE ELEGIR.

EL ORIGEN DE LAS LENGUAS

Realmente poco se sabe acerca del origen de las lenguas. Existe una variedad de hipótesis para explicar cómo se desarrolló algo tan complejo como es un sistema lingüístico.

Una de las hipótesis para explicar el origen de las lenguas es la conocida como del sonido natural, dentro de la cual coexisten varias teorías. **19.** _______________. Es decir, esas palabras primitivas consistirían en imitaciones de los sonidos naturales que los seres humanos percibían a su alrededor: los ruidos emitidos por animales de su entorno (cucú), o por elementos de la naturaleza. Y, en efecto, en las lenguas modernas encontramos palabras que parecen imitar el sonido que realiza lo que nombra. **20.** _______________. No obstante, esta teoría resulta difícil de mantener, ya que no puede explicar cómo se dio nombre a la cantidad de cosas que no emiten ningún tipo de sonido, ni cómo se pueden nombrar significados abstractos.

21. _______________. Esta teoría todavía resulta más difícil de sostener, puesto que la mayoría de gritos asociados a emociones no sirven nada más que para eso: para expresar emociones.

Y otra de las teorías en el marco de la hipótesis del sonido natural es la del yo-heave-ho. Esta teoría sostiene que el origen del lenguaje se encuentra el sonido que hacen varias personas cuando tienen que realizar un esfuerzo físico coordinado. **22.** _______________. Con este punto de vista se destaca el papel social del lenguaje, lo cual es una perspectiva interesante, pero esta teoría tampoco aclara mucho cómo se va construyendo la complejidad de la lengua.

Ya aparte de estas teorías, se plantea también la pregunta de si existió una única primera lengua de la que derivaron todas las demás: la monogénesis. **23.** _______________.

Hoy día, y solo son cifras aproximadas, se calcula que en el mundo se hablan entre 3000 y 5000 lenguas, de las cuales solamente 600 cuentan con más de 100000 hablantes, **24.** _______________. Entre los idiomas más extendidos están en primer lugar el chino mandarín hablado por mil millones de personas, le siguen el español, unos 400 millones de hablantes, y el inglés con 350 millones de hablantes.

FRAGMENTOS

A. Otra de las teorías de la hipótesis del sonido natural es la que defiende que el lenguaje procede de los gritos provocados por emociones

B. O si bien existieron varios centros de los que se originaron diferentes familias de lenguas: poligénesis

C. Porque las lenguas presentan sistemas formales de gran variedad y diversidad

D. Por ejemplo, en español tenemos el verbo ronronear, cuya fonética evoca ese tipo de ronquido que emiten los gatos

E. que es la cifra que se considera mínima para garantizar su supervivencia a medio plazo

F. Una de ellas es la llamada teoría del guau-guau, que plantea que las primeras palabras humanas serían onomatopeyas

G. Para los seres humanos primitivos los gruñidos constituían su medio de comunicación

H. Ese grito que provoca el máximo esfuerzo de todos en el mismo momento sería el desencadenante del lenguaje para la comunicación entre humanos

Tarea 5 **Instrucciones**

Lea el texto y rellene los huecos (25-30) con la opción correcta (a / b / c).

EL ESPAÑOL O CASTELLANO

Español o castellano es la misma lengua. El nombre castellano hace referencia a sus orígenes históricos, puesto que esta lengua romance que deriva del latín vulgar se originó en el territorio conocido _____**25**_____ Castilla en la Edad Media.

La palabra español, por su parte, según la Real Academia Española (RAE), _____**26**_____ del provenzal *espaignol*, y este del latín medieval Hispaniolus, que significa de Hispania (España).

En cualquier caso, se consideran palabras _____**27**_____, y ambos términos español y castellano son igualmente válidos en el uso.

En la formación de esta lengua cabe distinguir tres grandes periodos: el medieval, o del castellano antiguo, que va _____**28**_____ los siglos X al XV; el español moderno, que comprende desde el siglo XVI a finales del XVII, y el contemporáneo, _____**29**_____ empieza con la fundación de la Real Academia Española en 1713 y llega hasta la actualidad.

El español es idioma oficial en 20 países y según el Instituto Cervantes, _____**30**_____ unos 560 millones hablantes de español en el planeta; en EE. UU., más de 40 millones de personas tienen el español como lengua nativa.

OPCIONES

25.	a) como	b) tal	c) cual
26.	a) sale	b) crea	c) procede
27.	a) sinónimas	b) sinónimo	c) sinonimia
28.	a) desde	b) del	c) de
29.	a) que	b) quien	c) cuyo
30.	a) están	b) hay	c) son

PRUEBA 2 COMPRENSIÓN AUDITIVA

Esta prueba contiene cinco tareas. Usted debe responder a 30 preguntas.
Duración: **40 minutos**

Tarea 1 Instrucciones

11

Usted va a escuchar seis anuncios. Escuchará cada anuncio dos veces. Después, debe contestar a las preguntas (1-6). Seleccione la opción correcta (a / b / c).

Ahora tiene 30 segundos para leer las preguntas.

PREGUNTAS

Anuncio 1

1. Este anuncio ofrece...

- [ ] a) puestos de intérprete a titulados universitarios.
- [ ] b) preparación para llegar a ser intérprete.
- [ ] c) trabajo de intérprete en el centro Omnilingüe.

Anuncio 2

2. Este anuncio va dirigido a personas que...

- [ ] a) quieran trabajar desde casa.
- [ ] b) tengan experiencia traduciendo.
- [ ] c) necesiten ganar dinero rápidamente.

Anuncio 3

3. Este anuncio promociona...

- [ ] a) un espacio de juegos en inglés para niños activos.
- [ ] b) profesores de inglés especialistas en niños.
- [ ] c) un curso de inmersión de inglés para niños.

Anuncio 4

4. Este anuncio va dirigido a quienes...

- [ ] a) quieran formarse como especialistas en lenguaje.
- [ ] b) necesiten solucionar problemas del lenguaje.
- [ ] c) busquen información sobre trastornos del lenguaje.

Anuncio 5

5. Este anuncio informa sobre...

- [ ] a) cómo mejorar trastornos de audición.
- [ ] b) maneras de detectar distintos tipos de sordera.
- [ ] c) cursos para aprender la lengua de signos.

Anuncio 6

6. Este anuncio ofrece...

- [ ] a) maneras de usar estrategias de comunicación.
- [ ] b) información para elaborar códigos cifrados.
- [ ] c) claves para interpretar lenguaje no verbal.

Tarea 2 **Instrucciones**

12

Usted va a escuchar un fragmento del programa «Aprender para saber», que hoy está dedicado al lenguaje de los animales. Escuchará la audición dos veces. Después, debe contestar a las preguntas (7-12). Seleccione la opción correcta (a / b / c).

Ahora tiene 30 segundos para leer las preguntas.

PREGUNTAS

7. Según la audición, Míriam de la Cruz está en el programa para hablar de...
- [ ] a) psicolingüística.
- [ ] b) biología.
- [ ] c) comunicación.

8. La bióloga explica que...
- [ ] a) muchos animales tienen un comportamiento social complejo.
- [ ] b) algunos animales parecen más inteligentes que los humanos.
- [ ] c) todos los animales se comunican entre sí para sobrevivir.

9. Nos informa de que los animales...
- [ ] a) solo se pueden comunicar con rugidos o con cantos.
- [ ] b) se sirven de su olfato para detectar la presencia de alimento.
- [ ] c) pueden transmitir estados de ánimo usando sonidos.

10. Míriam nos dice que los delfines...
- [ ] a) usan sonidos diferentes según lo que quieran comunicar.
- [ ] b) se pueden comunicar con primates no humanos.
- [ ] c) usan más de 186 sonidos para comunicar la presencia de caza.

11. Y explica que...
- [ ] a) solo los mamíferos poseen la capacidad de comunicar sentimientos.
- [ ] b) hay pájaros muy inteligentes que pueden imitar el lenguaje humano.
- [ ] c) los córvidos representan acciones futuras con muchos sonidos.

12. Míriam dice que...
- [ ] a) las aves tienen el cerebro menos desarrollado que los mamíferos.
- [ ] b) las abejas pueden comunicarse direcciones usando danzas.
- [ ] c) los reptiles y anfibios poseen lenguajes activos y avanzados.

Tarea 3 Instrucciones

13

Usted va a escuchar, en un programa radiofónico, seis noticias curiosas relacionadas con la lengua y la comunicación. Escuchará la audición dos veces. Después, debe contestar a las preguntas (13-18). Seleccione la opción correcta (a / b / c).

Ahora tiene 30 segundos para leer las preguntas.

PREGUNTAS

Noticia 1

13. Esta noticia informa de que...

- [ ] a) la proteína FoxP2 también recibe el nombre de gen del lenguaje.
- [ ] b) en los años noventa se identificaron mutaciones de la proteína FoxP2.
- [ ] c) el descubrimiento de la proteína FoxP2 ha corregido trastornos.

Noticia 2

14. Según la noticia...

- [ ] a) el inglés tiene menos hablantes en la estimación total que el español.
- [ ] b) el español con 400 millones tiene más hablantes nativos que el inglés.
- [ ] c) el español y el chino tienen igual número de hablantes nativos.

Noticia 3

15. Según la noticia...

- [ ] a) las lenguas naturales siempre son paralelamente orales y escritas.
- [ ] b) el alfabeto latino originariamente viene del griego de la Magna Grecia.
- [ ] c) en español se usa una variante del alfabeto latino del sur de Italia.

Noticia 4

16. La noticia dice que la expresión «hablar por los codos»...

- [ ] a) se dice cuando alguien hace muchos gestos con los brazos.
- [ ] b) la usaban los condenados que estaban atados por los codos.
- [ ] c) se usa para referirse a alguien que es demasiado hablador.

Noticia 5

17. La noticia dice que, ante un estornudo, en español...

- [ ] a) se dan las gracias y se desea que no sea nada.
- [ ] b) se desea que Dios bendiga a cada persona.
- [ ] c) existen dos respuestas más frecuentes.

Noticia 6

18. Según la noticia, ganará el palíndromo...

- [ ] a) que contenga menos vocales.
- [ ] b) con mayor número de palabras.
- [ ] c) votado como más ingenioso.

Tarea 4 **Instrucciones**

14

Usted va a escuchar a seis personas que hablan sobre diversos aspectos del aprendizaje de lenguas y la necesidad de saber idiomas. Escuchará a cada persona dos veces. Seleccione el enunciado (A-J) que corresponde al tema del habla cada persona (19-24). Hay diez enunciados incluido el ejemplo. Selecciones seis.

Ahora escuche el ejemplo.

Persona 0
La opción correcta es el enunciado J.

Ahora tiene 20 segundos para leer los enunciados.

ENUNCIADOS

A. No es partidaria de que los niños muy pequeños empiecen a aprender una lengua extranjera.
B. Piensa que la mejor motivación para aprender una lengua extranjera es la necesidad.
C. Tiene la teoría de que se puede aprender una lengua extranjera viendo mucha televisión en la lengua que se quiere aprender.
D. Tiene dudas sobre el proyecto de los colegios bilingües para niños pequeños.
E. Piensa que lo más importante para saber bien una lengua es concentrarse en el estudio de su gramática y vocabulario.
F. Es de la opinión que saber bien una lengua incluye estudiarla y además pasar tiempo donde se habla esa lengua.
G. Piensa que adquirir dos lenguas en la infancia facilita el aprendizaje de otras lenguas.
H. No tiene ninguna duda de que se ha demostrado que los proyectos de enseñanza bilingüe a niños no sirven para nada.
I. Aprendió el idioma que le interesaba yendo al país donde se habla e interaccionando con hablantes nativos.
J. Le parece que una buena opción para aprender una lengua sin moverte de tu país, son los campamentos de inmersión.

OPCIONES

	PERSONA	ENUNCIADO
0.	Persona 0	J
19.	Persona 1	
20.	Persona 2	
21.	Persona 3	
22.	Persona 4	
23.	Persona 5	
24.	Persona 6	

Tarea 5 **Instrucciones**

15

Usted va a escuchar una conversación entre dos personas, Adela y Bernardo. Indique si los enunciados (25-30) se refieren a Adela (A), a Bernardo (B) o a ninguno de los dos (C). Escuchará la conversación dos veces.

Ahora tiene 25 segundos para leer los enunciados.

	A. Adela	B. Bernardo	C. Ninguno de los dos
0. Necesita aprender chino.		X	
25. Conoce a alguien que le puede dar clase.			
26. Su amiga tiene un máster en Enseñanza de Lenguas Extranjeras.			
27. Prefiere compartir sus clases con otros estudiantes.			
28. Su compañera va a una academia cerca de su oficina.			
29. Trabaja con traductores.			
30. Piensa que aprender idiomas es bueno para activar la mente.			

PRUEBA 3 EXPRESIÓN E INTERACCIÓN ESCRITAS

Esta prueba contiene dos tareas.
Duración de la prueba: **60 minutos**

Tarea 1

Instrucciones

Lea el siguiente correo electrónico que le ha escrito a Amelia una amiga que sabe que ella está estudiando español.

Querida Amelia:

Te extrañará recibir noticias mías después de tanto tiempo. Ya sé que soy un desastre para escribir. Es que verás, estoy pensando en estudiar español porque he conocido a un chico mexicano que me gusta mucho y quiero poder escribir en mi Facebook en español. Te escribo en español para empezar a practicar, pero no escribo esto yo sola, me está ayudando alguien.
Por favor, escríbeme y dime cómo has aprendido tú español y qué debo hacer. Contéstame también en español. Ya te lo he dicho ¡quiero practicar!

Muchas gracias.

Un abrazo,
Sandra

Enviar

Imagine que usted es Amelia y escriba una respuesta en la que refleje su propia experiencia como aprendiz de español. En ella deberá:

- incluir un encabezamiento;
- explicar por qué está de acuerdo o en desacuerdo;
- poner algún ejemplo;
- despedirse.

El texto tendrá una extensión de **entre 100 y 120 palabras**.

Tarea 2 **Instrucciones**

Elija una de las dos opciones que se le ofrecen a continuación.

OPCIÓN 1

Usted ha viajado recientemente a España con la compañía Alashispania que le prometía en su publicidad el mejor precio para ir desde su país a su destino en la península. También anunciaban asientos amplios y mayor espacio entre las filas que otras compañías. Igualmente le ofrecían la posibilidad de seleccionar su asiento de manera gratuita, elegir un menú especial y prometían entretenimiento con pantallas individuales para ver películas y series de televisión también gratis.

Nada de esto ha resultado cierto. Redacte un texto de queja a la página de atención al cliente de la compañía en el que especifique:

- quién es usted;
- sus características: sexo, edad, profesión, tipo de vida;
- si viajaba solo o acompañado;
- descripción de su experiencia en este vuelo, acompañando su queja con ejemplos;
- lo que usted quiere de la compañía para compensar su publicidad falsa y lo que piensa hacer si no le dan algún tipo de compensación.

El texto debe tener una extensión de **entre 130 y 150 palabras**.

OPCIÓN 2

Lea el siguiente anuncio publicado en el tablón de anuncios de la universidad por una academia de enseñanza de idiomas.

Somos una academia especializada en la enseñanza de lenguas modernas.

Estamos abriendo una nueva sección para enseñar... (aquí escriba su lengua materna) a los extranjeros que vienen a estudiar o trabajar en nuestro país.

Buscamos personas dinámicas con buena formación y si es posible experiencia en la enseñanza de segundas lenguas.

Las personas interesadas pueden enviar su solicitud a:
docentia@linguaforum.com

Redacte un texto que incluya

- sus datos personales que lo/la hacen idóneo para este puesto de trabajo;
- una descripción de su formación como profesor y su experiencia dando clase a extranjeros de su lengua materna;
- alguna información adicional para justificar su candidatura a este puesto.

El texto tendrá una extensión de **entre 130 y 150 palabras**.

PRUEBA 4 EXPRESIÓN E INTERACCIÓN ORALES

Esta prueba contiene cuatro tareas.

Tarea 1 Realizar una presentación breve. (2-3 minutos)
Usted deberá hablar sobre un tema durante dos o tres minutos.

Tarea 2 Participar en una conversación. (3-4 minutos)
Usted debe dialogar con el entrevistador sobre el tema de la Tarea 1 durante tres o cuatro minutos.

Tarea 3 Describir una fotografía y participar en una conversación. (2-3 minutos)
Usted debe describir una fotografía durante uno o dos minutos. Después, el entrevistador le hará algunas preguntas a partir del tema de la fotografía.

Tarea 4 Diálogo en situación simulada. (2-3 minutos)
Usted debe dialogar con el entrevistador en una situación simulada durante dos o tres minutos.

Tiene 15 minutos para preparar las Tareas 1 y 2. Usted puede tomar notas y escribir un esquema de su exposición que podrá consultar durante el examen; en ningún caso podrá limitarse a leer el esquema.

Tarea 1

Instrucciones

A continuación, tiene un tema y unas indicaciones para preparar una exposición oral. Tendrá que hablar **durante 2 o 3 minutos**. El entrevistador no interviene en esta parte del examen.

TEMA:

Hable de **la enseñanza de lenguas extranjeras en su país.**

Incluya información sobre:

- qué país es;
- algunos datos sobre cuándo se empieza el aprendizaje de lenguas extranjeras, qué metodología se adopta, qué lengua es la que estudia más gente;
- la situación de su país en relación con el papel de segundas lenguas: ¿se exhiben las películas en versión original? ¿la gente en general tiene interés por saber otras lenguas?

Es importante:

- diferenciar las partes de su exposición: introducción, desarrollo y conclusión final;
- ordenar y relacionar bien las ideas;
- justificar sus opiniones y sentimientos.

Tarea 2

Instrucciones

Cuando haya terminado su exposición, usted deberá mantener una conversación con el examinador sobre el tema de la Tarea 1 **durante 3 o 4 minutos**.

EJEMPLOS DE PREGUNTAS DEL ENTREVISTADOR:

- *¿Cuánto tiempo hace que estudia español?*
- *¿Por qué empezó a estudiarlo?*
- *¿Para qué le va a servir?*
- *¿Usa el español en las redes sociales? ¿Lo usa para visitar sitios de internet?*
- *¿Ha visitado algún país hispanohablante?*

Tarea 3 **Instrucciones**

Observe la siguiente imagen:

Describa con detalle lo que ve en la foto y lo que imagina que está ocurriendo.
Estos son algunos aspectos que puede comentar:

- Las personas: dónde están, cómo son, qué hacen.
- El lugar en el que se encuentran: cómo es.
- Los objetos: qué objetos hay, dónde están, cómo son.
- ¿Qué relación cree que existe entre las personas?

Posteriormente, el entrevistador le hará algunas preguntas.

EJEMPLOS DE PREGUNTAS DEL ENTREVISTADOR:

- *¿Ha estado usted en algún lugar parecido al de la imagen? ¿Conoce usted algún lugar parecido al de la imagen?*
- *¿Cómo es? ¿Cuántas personas se encuentran en este lugar?*
- *¿Una clase de lengua extranjera en su país se parece a la de la foto?*
- *¿Cree que la tecnología puede ayudar a aprender una lengua extranjera?*

Tarea 4

Instrucciones

Usted debe dialogar con el entrevistador en una situación simulada **durante 2 o 3 minutos**.

EJEMPLO DE SITUACIÓN:

Usted acude como invitado a un programa de TV en el que se va a debatir sobre la importancia de aprender lenguas extranjeras. Imagine que el entrevistador es el presentador. Hable con él siguiendo estas indicaciones.

Durante la conversación con el entrevistador usted debe defender un punto de vista acerca de:

- ¿cuándo se debe empezar a enseñar una lengua extranjera? ¿A qué edad?
- ¿cómo debe hacerse?
- ponga como ejemplo su propia experiencia como aprendiz de español.

EJEMPLO DE PREGUNTAS DEL ENTREVISTADOR:

- *Hola, buenos días. ¿Cuál es su nombre?*
- *¿Puede hablarnos de qué fue lo más fácil o lo más difícil de aprender en español?*
- *¿Se sintió frustrado alguna vez? ¿Quiso dejar de estudiar?*
- *¿Qué le pide a un buen profesor de lenguas?*
- *¿Para qué le ha servido aprender español?*
- *¿Para qué quiere aprender español?*
- *¿Quiere añadir algún comentario más?*

PRUEBA 1 COMPRENSIÓN DE LECTURA

Tarea 1

1. B

Máster *en traducción e interpretación* [...] incorporación a actividades prácticas...

(Su formación facilitará a Elena –que ha terminado Derecho– encontrar trabajo en algún organismo internacional).

2. H.

[...] *puedan aprender la lengua extranjera de manera divertida y práctica* [...] con profesores nativos, especializados en didáctica de lengua extranjera a niños.

3. E

Con nuestra metodología propia, *en seis semanas será capaz de comunicarse...*

(Ester, necesita aprender alemán en menos de dos meses).

4. F

Somos especialistas en cursos de idiomas para adultos [...] *un profesor por alumno*, está destinada a *personas que necesiten comunicarse para viajes y negocios...*

5. A

Beca de formación para graduados en Lingüística *o estudiantes del último curso...*

(Luisa está en su último año del grado de Lingüística).

6. I

¿Quiere aprender una lengua *sin moverse de su casa*? Nuestros *cursos en línea* hacen posible el *aprendizaje de las lenguas más habladas del mundo...*

(Ariel va a vivir en el campo y no quiere desplazarse para estudiar).

Tarea 2

7. c

[...] donde *aprendió latín* de manos del padre Cristóbal de Quesada. A la muerte de este (1796), Bello *traduce el libro V de la Eneida.*

8. a

[...] y dio clases particulares, *siendo uno de sus alumnos el joven Simón Bolívar.*

9. c

A los 70 años de edad, Bello *era al mismo tiempo rector* de una universidad, *consultor* del gobierno, *senador* de la República *y redactor* de *El Araucano.*

10. b

[...] el Código Civil y *la Gramática Castellana son sus obras más conocidas* y que han tenido más trascendencia.

11. b

Su obra [...] *constituye todavía hoy un libro imprescindible* para todo estudioso de la gramática castellana.

(Es decir, la Gramática de Bello es un libro fundamental).

12. b

Fue el principal y casi exclusivo *redactor del Código Civil entre 1840 y 1855.*

Tarea 3

13. C

Pero *tengo un hermano pequeño con trastornos del lenguaje* [...] *me incliné por especializarme en logopedia.*

14. B

La verdad es que *es sorprendente que algo tan complejo como es una lengua seamos capaces de aprenderlo por nosotros mismos...*

15. A

[...] lo que encontré en esas páginas me pareció muy interesante y *me despertó la curiosidad por saber más.*

16. B

Yo soy psicolingüista y *lo soy por vocación.*

17. C

Yo quería curar y ayudar a los animales, y *ahora trato de hacerlo con las personas.*

(Marisa, que es logopeda, ahora ayuda a las personas que tienen problemas o trastornos del lenguaje).

18. A

Pero, bien pensado, *el arte también es un lenguaje* que comunica muchas cosas.

(Carla cree que con sus esculturas también puede comunicar muchas cosas).

Tarea 4

19. F	**22. H**
20. D	**23. B**
21. A	**24. E**

Tarea 5

25. A

La única respuesta posible es *como. Como* equivale a «de esta manera», «de este modo». En este caso, el modo, la manera es el nombre: Castilla.

26. C

Procede es la forma correcta porque es la única que tiene concordancia con su sujeto: la palabra *español*, que está en singular.

27. A

Aunque las tres palabras que aparecen comparten el significado, solo es válida *sinónimas* (adjetivo), porque es la única que tiene concordancia con «palabras».

28. C

La respuesta correcta es *de*, que indica el principio, el origen y se complementa con *al* (a + el). *Desde* también indica origen, pero se debería complementar con *hasta.*

29. A

Que es un pronombre relativo que se refiere al (español) contemporáneo.

30. B

La respuesta es *hay* porque se refiere a una cantidad indeterminada: *(en el mundo hay) unos 500 millones.*

PRUEBA 2 COMPRENSIÓN AUDITIVA

Tarea 1

1. b

[...] le ofrecemos *la posibilidad de convertirse en intérprete* simultáneo.

2. a

¿Quiere *ganar dinero sin moverse de su casa*?

3. c

[...] campamentos para niños *en un contexto de total inmersión* [...] toda *la vida cotidiana se desarrolla en inglés.*

4. b

[...] encontrará un *gabinete de especialistas que le aconsejará sobre la mejor terapia* para su problema.

(Una terapia adecuada puede curar o mejorar ciertos problemas del lenguaje).

5. c

Somos *especialistas en la enseñanza de esta lengua...*

6. b

[...] encontrará *todo lo que desee saber para elegir un* código y compartir información solo con unos cuantos ...

Tarea 2

7. c

Hoy estoy aquí *para hablar de cómo se comunican algunos animales entre sí o incluso entre otras especies.*

(Míriam es bióloga, pero ha ido al programa a hablar básicamente de la comunicación entre animales).

8. a

Y muchos de ellos desarrollan *conductas sociales de una complejidad similar* a las conductas de los humanos.

9. c

[...] o *sonidos* más complejos *con los que transmiten su estado de ánimo...*

10. a

Incluso se ha descubierto que *los delfines utilizan silbidos diferentes* [...] *para dirigirse a cada miembro de la manada* [...] *o para referirse a asuntos concretos...*

11. b

Algunos pájaros [...] tienen la capacidad de emitir una gran cantidad de sonidos, *incluso imitando el lenguaje humano.*

12. b

[...] un ejemplo de comunicación compleja es el de l*as abejas que mediante danzas son capaces de señalar* [...] *la dirección respecto al sol...*

Tarea 3

13. a

El gen y proteína FoxP2 [...] Por eso, *se conoce como el gen del lenguaje.*

14. b

Pero si el cómputo se hace limitándose al número de hablantes nativos, *el español* ocupa la segunda posición *con algo más de 400 millones de hablantes, situándose por delante del inglés...*

15. b

El alfabeto –o abecedario– que adopta el español viene del latín y este a su vez *procede de una variante del alfabeto griego usado en el sur de Italia (la antigua Magna Grecia)...*

16.c

[...] interpretar que *una persona habladora* no solo usa palabras que salen de su boca, sino que también hace gestos y *mueve los brazos y, por lo tanto, los codos...*

17. c

En español, *cuando alguien estornuda,* lo más común es que *se responda ¡Jesús! aunque también* se puede oír la respuesta ¡*Salud!*

(Por lo tanto, existen dos respuestas frecuentes).

18. c

[...] *el que resulte elegido como más ingenioso* por nuestros oyentes, *recibirá como premio...*

Tarea 4

19. G

Yo soy bilingüe desde pequeña y creo que hablar dos idiomas ayuda mucho a aprender otras lenguas.

20. I

[...] *conseguí una beca en el Reino Unido* [...] *Aprendí mucho gracias a mis amigos ingleses*, bueno, y sobre todo gracias a mi novia...

(Tener amigos y una novia hablantes nativos de inglés le proporcionó a este hombre muchas ocasiones para la interacción en contexto).

21. A

[...] *no es tan importante forzar a los niños a que aprendan una segunda lengua cuando solo tienen dos años...*

22. F

[...] *para saber un idioma hay que estudiarlo y también practicarlo.*

23. B

[...] *si tienes que comunicarte en otra lengua por tu trabajo, porque quieres pedir una beca* [...] *o por razones de migración económica, la vas a aprender.*

24. D

Yo no tengo muy claro si los llamados colegios bilingües desde la etapa infantil [...] *van a resultar positivos para que los niños aprendan mejor una lengua extranjera.*

(«No tener (muy) claro algo» es sinónimo de *dudar*).

Tarea 5

25. A

Pues *conozco a alguien que te podría dar clase* de chino...

26. C

[...] *tiene un máster en Enseñanza de Lenguas Extranjeras* y ha dado clase en el Instituto Confucio.

27. B

[...] *prefiero ir a una academia con más gente.* No me gustan las clases particulares.

28. C

[...] *una compañera de mi trabajo está estudiando chino en una academia cerca del trabajo...*

29. A

[...] *como trabajo en una agencia de traductores...*

30. A

Aprender idiomas es un ejercicio mental muy bueno.

CLAVES DE RESPUESTA

PRUEBA 1 COMPRENSIÓN DE LECTURA

TAREA 1	1B	2H	3E	4F	5A	6I
TAREA 2	7c	8a	9c	10b	11b	12b
TAREA 3	13C	14B	15A	16B	17C	18A
TAREA 4	19F	20D	21A	22H	23B	24E
TAREA 5	25a	26c	27a	28c	29a	30b

PRUEBA 2 COMPRENSIÓN AUDITIVA

TAREA 1	1b	2a	3c	4b	5c	6b
TAREA 2	7c	8a	9c	10a	11b	12b
TAREA 3	13a	14b	15b	16c	17c	18c
TAREA 4	19G	20I	21A	22F	23B	24D
TAREA 5	25A	26C	27B	28C	29A	30A

EXAMEN 4
Comida y gastronomía

PRUEBA 1 COMPRENSIÓN DE LECTURA

Esta prueba contiene cinco tareas. Usted debe responder a 30 preguntas.
Duración: **70 minutos**

Tarea 1

Instrucciones

Usted va a leer seis textos en los que se explican los gustos gastronómicos o las preferencias para elegir su alimentación de varias personas, y diez resúmenes de platos y alimentos. Relacione las personas (1-6) con los textos de menú o la carta (A-J).

HAY TRES TEXTOS QUE NO DEBE RELACIONAR.

	PERSONA	TEXTO
0.	LUCAS	**G**
1.	LUCÍA	
2.	HUGO	
3.	TERESA	
4.	OLIVIA	
5.	LEÓN	
6.	VIOLETA	

 **0. LUCAS**	Le gusta comer de todo, pero le encantan el jamón, el chorizo y los embutidos en general. Pero como es estudiante, no puede gastar demasiado dinero, así que suele comer en restaurantes sencillos, pero que dan buena comida.
 **1. LUCÍA**	Se acaba de enterar de que está embarazada y quiere celebrarlo con su marido con una cena especial. Su médico le ha dicho que puede comer de todo con moderación, pero debe tener cuidado con los mariscos, los picantes y los postres dulces.
 **2. HUGO**	Hace mucho deporte y cuida mucho su alimentación. Solo suele comer un plato principal a base de pollo, carne o pescado a la plancha, acompañado de ensalada. Nunca probará las tartas y los helados, aunque confiesa que le gustan.
 **3. TERESA**	Le gusta probar platos nuevos y combinaciones originales de productos. Le encanta ir a sitios de moda y nunca mira el precio. Si es posible, prefiere los sitios donde se pueden tomar tapas y pinchos, pero que sean originales y de calidad.
 **4. OLIVIA**	Está pensando en hacerse vegetariana porque simpatiza con la causa animalista, pero no se acaba de decidir: le encantan el jamón y el chorizo. Su postre favorito son los helados.
 **5. LEÓN**	Le encanta comer cosas de picar. Como él y sus amigos no siempre tienen mucho dinero, suelen ir de tapas a bares que no sean muy caros y siempre buscan ofertas.
 **6. VIOLETA**	Tiene mucho cuidado con lo que come y valora mucho la calidad de los alimentos. Pero es muy golosa y no sabe resistirse a la tentación de los dulces. Prefiere no tomar primer plato y reservarse para los postres.

RESTAURANTES

A	CASA MANUEL Disfrute de las mejores carnes y los pescados más frescos, cocinados con cuidado. De lunes a viernes puede elegir comer una de nuestras carnes o pescados a mitad de precio si solo elige ese plato. El postre y la bebida no están incluidos.
B	NEOGASTRO Le invitamos a degustar en un bar muy exclusivo nuestra selección de tapas elaboradas con productos de primera calidad y en las que hemos fusionado los sabores tradicionales con elementos de cocinas exóticas y lejanas. Una experiencia única.
C	EL COMEDOR Un ambiente íntimo y romántico para disfrutar de una comida o una cena inolvidable. Somos expertos en cocinar con especias. Nunca olvidará el sabor de nuestro cordero con pimientos picantes o nuestras almejas con salsa brava.
D	GASTROPINCHO Más de cincuenta tapas y pinchos diferentes para satisfacer todos los gustos. Elige un combinado de cinco tapas o pinchos y te regalamos uno. Si te inclinas por el de diez, ¡encontrarás doce! Y si pides el de quince cuatro bebidas gratis.
E	EL SECRETO DE LOLA Verduras y ensaladas ecológicas, huevos frescos de gallinas criadas en libertad, pan cocido en horno de leña. Nuestra especialidad son los postres caseros: espuma de chocolate negro, flan artesano o tarta de frutas del bosque... Y para el almuerzo aprovecha nuestra oferta: entrante y plato principal o plato principal y postre: solo pagarás el de mayor precio.
F	EL RINCÓN DE ELISA Celebre sus fiestas y ocasiones especiales con una buena mariscada: gambas, langostinos, langostas, almejas, cigalas. Lo mejor de lo mejor en nuestros magníficos salones, especialmente preparados para acoger a grupos numerosos.
G	LA SALUDABLE Si quieres comer bien sin que tu bolsillo sufra demasiado, ven a comer con nosotros. Nuestros platos son sencillos, pero muy sabrosos. Un menú para cada día de la semana. Nuestro plato estrella los garbanzos con chorizo.
H	DE PRIMERA Si lo que buscas es comer productos de calidad, en un ambiente acogedor y tranquilo, te estamos esperando. Carnes de primera, pescados frescos, verduras ecológicas... Y como nos importa tu salud, de postre solo fruta fresca de temporada.
I	DE CAMPO Los únicos animales que encontrarás en nuestro restaurante son nuestros loros Kiko y Kika. Pero sí encontrarás delicias hechas con verduras, legumbres, o semillas y podrás probar nuestra especialidad: el helado de té verde.
J	DEL MAR Te hemos traído el mar a la mesa. Pescados, mariscos, algas: todo cocinado de manera original y preparado para satisfacer los gustos más exigentes. Atrévete a probar esta nueva experiencia.

Tarea 2 **Instrucciones**

Usted va a leer un breve texto sobre Enrique Olvera. Después, debe contestar a las preguntas (7-12). Seleccione la respuesta correcta (a / b / c).

ENRIQUE OLVERA

Enrique Olvera nació en la Ciudad de México en 1976. Desde pequeño sintió interés por la cocina. Su familia tenía una panadería y la influencia de su madre, que cocinaba a diario, marcaron su forma de ver la gastronomía.

Estudió en el Culinary Institute of America de Nueva York, del que se graduó con 24 años. No obstante, su preparación profesional en el extranjero no lo motivó a conquistar otras culturas, sino que de regreso en su país decidió crear un concepto culinario tan innovador que logró que las personas de otros países quisieran venir a tierras mexicanas a probar sus famosos platillos.

En el año 2000 inauguró su restaurante Pujol, situado en el corazón de Polanco, en la Ciudad de México. Desde entonces, ha venido explorando referencias locales, aprovechando técnicas ancestrales y contemporáneas, buscando la experimentación, el diálogo con la tradición, la calidad de los productos y el cuidado de los detalles. En Pujol, se sirve cocina mexicana elaborada con productos locales y se ofrece un menú que se reinventa constantemente, jugando con técnicas tradicionales y contemporáneas para generar sabores únicos.

Durante los años de vida de su proyecto, de Pujol, el chef ha ido experimentando nuevos retos, como la creación de un taller, un espacio de investigación y capacitación sobre las técnicas gastronómicas, el servicio de catering de la cocina del restaurante y el enoclub.

Con el ánimo de compartir distintas perspectivas e interpretaciones, ha abierto otros establecimientos en su país como Eno, una lonchería *gourmet* con tres sedes en la Ciudad de México; Moxi, en San Miguel de Allende, y Manta, un restaurante con el que ahonda en lo mejor de los ingredientes de la costa, en Los Cabos. También se ha arriesgado a abrir un restaurante –Cosme– en Nueva York, que ha cautivado tanto al público local como a la crítica especializada, con una propuesta de cocina mexicana creativa y auténtica.

Es autor de varios libros: en 2008 publicó *La nueva cocina mexicana*. Más adelante, apareció *Uno* (2010) en el que además de presentar la historia y filosofía de su trabajo, hace un recuento de su trabajo de 10 años y reflexiona sobre el presente y el futuro de la gastronomía mexicana.

Tan solo un año después, apareció *En la milpa* (2013), su tercera publicación en la que aborda una reinterpretación del recetario popular mexicano con un enfoque más personal. Más tarde publicó el cuaderno gastronómico *Boomerang* (2015) y lanzó su primera publicación internacional, *Mexico from the Inside Out* (Phaidon, 2015). Asimismo, es promotor de Mesamérica –el principal generador de encuentros gastronómicos multidisciplinarios en México– y miembro del Colectivo Mexicano de Cocina, entre otros. Ha participado en el programa de televisión *Diario de un cocinero.*

Actualmente es uno de los chefs más reconocidos en el ámbito gastronómico a nivel internacional. Olvera es un icono de la cocina mexicana, su estilo creativo lo ha llevado a posicionarse como uno de los diez chefs más prometedores para la gastronomía mundial de acuerdo con una prestigiosa revista especializada en el tema.

Información extraída de: *www.quien.com* y de: *www.pujol.com.mx*

PREGUNTAS

7. En el texto se dice que...
- [ ] a) de pequeño quería ser panadero.
- [ ] b) tenía una madre cocinera.
- [ ] c) su familia ha influido en su vocación.

8. Como consecuencia de su paso por el Culinary Institut, Olvera...
- [ ] a) ha reflejado en su cocina influencias de los Estados Unidos.
- [ ] b) ha atraído a muchas personas a probar su cocina.
- [ ] c) ha creado una nueva cultura en la cocina internacional.

9. En el restaurante Pujol...
- [ ] a) se especializan en la cocina tradicional.
- [ ] b) solo se ofrece un único menú.
- [ ] c) se utilizan productos locales.

10. En el texto se dice que Enrique Olvera...
- [ ] a) ha abierto recientemente el restaurante Los Cabos en San Miguel.
- [ ] b) tiene tres loncherías en Ciudad de México.
- [ ] c) tiene propuestas para abrir un restaurante en Nueva York.

11. En el texto podemos leer que...
- [ ] a) Olvera tardó más de diez años en publicar su primer libro de cocina.
- [ ] b) *En la milpa* incluye sus recetas más personales e internacionales.
- [ ] c) en su segundo libro expone sus ideas acerca de su trabajo.

12. Enrique Olvera...
- [ ] a) lleva años escribiendo su *Diario de un cocinero.*
- [ ] b) ha estado en un programa gastronómico de televisión.
- [ ] c) ha creado el Colectivo Mexicano de Cocina.

Tarea 3 **Instrucciones**

Usted va a leer tres textos en los que tres personas cuentan por qué empezaron a cocinar y su relación con esta actividad. Relacione las preguntas (13-18) con los textos (A / B / C).

PREGUNTAS

		A. VERO	B. RAFA	C. SIMÓN
13.	¿Quién dice que cocinar le ha ayudado a superar dificultades?			
14.	¿Quién se interesó en cocinar por amor?			
15.	¿Quién aprendió a cocinar con alguien de su familia?			
16.	¿Quién se dedica profesionalmente a la cocina?			
17.	¿Quién piensa que puede ganar peso por culpa de sus habilidades culinarias?			
18.	¿Quién pensó en ser profesional de la cocina, pero no lo es?			

TEXTOS

A. VERO

Hace tan solo tres años no me gustaba cocinar, ni tan siquiera comer. Quiero decir que para mí comer era solo una necesidad vital que había que satisfacer. No me llamaba la atención ni me gustaba ningún plato en especial. Cuando salía con mis amigos a cenar, nunca proponía un restaurante favorito ni expresaba el deseo de comer algo especial. Pero me enamoré de un cocinero, que ponía tanto entusiasmo en la elaboración de sus platos y era tan feliz cocinando que pensé que yo también quería experimentar esa sensación y de paso ganarme la vida. Actualmente me dedico a la cocina de manera profesional, aunque nunca pensé que sería así.

B. RAFA

A mí siempre me ha gustado cocinar: desde pequeño. Mis padres trabajaban mucho y yo pasaba mucho tiempo con mi abuela Pepa que era una estupenda cocinera. Ella preparaba la comida para todos, todos los días: primer plato, segundo plato y también hacía bizcochos y magdalenas que tomábamos para desayunar o para merendar. Ella me enseñó todo lo que sé: cómo asar el cordero en su punto, cómo preparar la salsa de tomate perfecta, cómo pelar una cebolla sin llorar. Me gustaba tanto ese mundo que pensé en hacerme cocinero profesional, pero me hice arquitecto y ahora solo cocino planos de edificios.

C. SIMÓN

Hace dos años tuve una depresión muy profunda y mi terapeuta me recomendó que ocupara mi tiempo libre haciendo deporte o alguna actividad. Lo del deporte no me apetecía mucho, pero en el centro comercial cerca de mi casa vi que organizaban talleres de cocina: pensé que era algo que podía ayudarme a llenar mi tiempo y a devolverme el apetito que había perdido. No me equivoqué. Ahora, después de un año, me he convertido en un excelente cocinero, he hecho amigos en el grupo de participantes del taller y ya no estoy deprimido. Aunque me temo que ahora corro el peligro de engordar: cocino demasiado bien.

Tarea 4 **Instrucciones**

Lea el siguiente texto del que se han extraído seis fragmentos. A continuación, lea los ocho fragmentos propuestos (A-H) y decida en qué lugar del texto (19-24) hay que colocar cada uno de ellos.

HAY DOS FRAGMENTOS QUE NO TIENE QUE ELEGIR.

COCINA PERUANA

La cocina peruana, considerada como una de las más privilegiadas del mundo, heredó de la historia su ingenio, su mestizaje y su sabor. La fusión de su cocina se debe al intercambio cultural a través del tiempo, donde destacan la inmigración española, africana, china, japonesa e italiana. **19.** _______________.

Del mestizaje resalta el inigualable anticucho de corazón, mientras que el tacu-tacu y la carapulcra tienen herencia africana. Las nutritivas pastas llegaron por migrantes italianos, cuyas adaptaciones dieron como resultado platos caseros como tallarines verdes o rojos. **20.** _______________. Finalmente, la corriente novoandina hace gala de los productos autóctonos servidos en mantel blanco, de esta manera se rescata el sabor nacional del cual nos sentimos plenamente identificados.

La cocina peruana también ha alcanzado una excelente reputación en todo el mundo. Ferran Adriá, chef propietario del restaurante El Bulli de España, reconocido como uno de los mejores cocineros del mundo afirma: «Sé que la cocina peruana tiene mucha tradición y una gran variedad de productos que seguramente me dejarían sorprendido. **21.** _______________. Eso la hace una cocina muy personal, con mucha tradición pero que también acepta el cambio. Creo que la peruana es una de las cocinas que darán mucho que hablar».

Juan Mari Arzak, chef propietario del restaurante Arzak, distinguido con tres estrellas de la Guía Michelín, dice: «Perú es uno de los lugares a los que quiero ir. He oído hablar del ceviche, de las papas peruanas, que son como joyas. He leído mucho sobre su gastronomía y creo que es considerada una de las grandes cocinas. **22.** _______________, con una dieta equilibrada. Usualmente las cocinas van evolucionando con el tiempo y algunas pierden su riqueza por el cambio de alimentos, pero en la peruana al parecer no ha ocurrido ello, pues la calidad de sus productos no tiene nada que ver con el precio. **23.** _______________. Tienen de todo y una historia que mucha gente no sabe que viene de ahí».

El evento gastronómico Madrid Fusión es uno de los acontecimientos gastronómicos más importantes de Europa. **24.** _______________, lo cual constituyó toda una revelación para los comensales europeos. Los suculentos platillos peruanos fueron elaborados por chefs peruanos que desempeñan su trabajo en restaurantes europeos.

FRAGMENTOS

A. La cocina peruana ha sido el punto de encuentro de diversas culturas, gracias a la inclinación por el mestizaje que ha caracterizado la historia del Perú

B. Es una cocina con herencia, que tiene raíces

C. La variedad de sus platos nació a medida que el mestizaje crecía o mientras los migrantes llegaban al puerto del Callao

D. Y la comida peruana cerró el evento con broche de oro, ya que se ofreció una nutrida carta nacional

E. Tienen muy buenos mercados y muy buenos ingredientes, una variedad inmensa

F. Lo que para los peruanos es tradicional para nosotros puede ser moderno, la combinación de sabores dulces, salados y ácidos es también algo diferente

G. Sin embargo, algunos ajíes no son picantes y solo sirven para darle color a la presentación

H. El ceviche, plato bandera peruano, nace por la fusión con la cocina nipona

Tarea 5 **Instrucciones**

Lea el texto y rellene los huecos (25-30) con la opción correcta (a / b / c).

¿CÓMO ES MEJOR COMER EL BRÓCOLI?

El modo en que cocinamos las verduras puede influir en la salud de nuestros dientes. Un estudio de la Universidad de Dundee (Reino Unido) desveló que asarlas al horno aumenta su acidez –y por consiguiente _____**25**_____ aspecto corrosivo– en comparación con su preparación hervida o guisada.

El grado de acidez alcanzado, dijeron los _____**26**_____, es comparable al de los refrescos carbonizados, por lo que un consumo excesivo de brócoli al horno contribuiría a la erosión de las piezas dentarias. «Todo nuestro aparato masticatorio está diseñado _____**27**_____ incidir, desgarrar y moler. La dieta debe ser dura, seca y fibrosa».

Así, el consumo de vegetales crudos _____**28**_____ una correcta masticación. Los dentistas recomiendan que se incremente el consumo de verdura fresca porque su consistencia y la textura hacen que el propio alimento haga un efecto de barrido sobre los dientes, y además incrementa el flujo de saliva, la cual protege contra las caries [...]. Sin embargo, el consumo de brócoli crudo _____**29**_____ desaconsejado en personas con problemas de riñón.

De este modo, no todo lo que parece sano lo es y tampoco es lo mismo «natural» que «bueno» _____**30**_____ también son naturales la cicuta y las setas venenosas y no se deben comer.

Información extraída de: *www.revistabuenavida.com*

OPCIONES

25.	a) suyo	b) su	c) sus
26.	a) investigadores	b) investigaciones	c) investigados
27.	a) por	b) a	c) para
28.	a) fomenta	b) fomentan	c) fomentáis
29.	a) es	b) está	c) hace
30.	a) por que	b) por qué	c) porque

PRUEBA 2 COMPRENSIÓN AUDITIVA

Esta prueba contiene cinco tareas. Usted debe responder a 30 preguntas.
Duración: **40 minutos**

Tarea 1

Instrucciones

16

Usted va a escuchar seis anuncios. Escuchará cada anuncio dos veces. Después, debe contestar a las preguntas (1-6). Seleccione la opción correcta (a / b / c).

Ahora tiene 30 segundos para leer las preguntas.

PREGUNTAS

Anuncio 1

1. Según el anuncio, Tito Salas es...

☐ a) un cocinero de Canarias.
☐ b) un compositor de música.
☐ c) un cantante de baladas.

Anuncio 2

2. Según la audición, cada día es conveniente tomar...

☐ a) dos frutas de temporada y tres verduras.
☐ b) tres frutas cítricas y dos de otro tipo.
☐ c) dos raciones de verdura y tres frutas.

Anuncio 3

3. Este anuncio informa sobre...

☐ a) una escuela para ser cocinero.
☐ b) un puesto en un restaurante.
☐ c) un trabajo para nueve meses.

Anuncio 4

4. Cuerpos sanos es...

☐ a) un centro para análisis clínicos.
☐ b) un lugar para practicar ejercicio.
☐ c) un sitio para perder peso.

Anuncio 5

5. Durante dos semanas, en algunos bares...

☐ a) comer tapas será más barato.
☐ b) todas las tapas costarán 1€.
☐ c) la bebida es gratis con las tapas.

Anuncio 6

6. Según el anuncio, los fresones...

☐ a) están más ricos y son más baratos en primavera.
☐ b) tienen más vitaminas en temporada.
☐ c) deben lavarse para conservarse mejor.

Tarea 2 **Instrucciones**

17

Usted va a escuchar un fragmento del programa «Juntos en casa y en el trabajo», en el que Julia y Mario cuentan su vida. Escuchará la audición dos veces. Después, debe contestar a las preguntas (7-12). Seleccione la opción correcta (a / b / c).

Ahora tiene 30 segundos para leer las preguntas.

PREGUNTAS

7. Según la audición, Julia y Mario participan en el programa para...
- ☐ a) tener una experiencia nueva.
- ☐ b) mostrar que es bueno trabajar juntos.
- ☐ c) compartir los problemas de su trabajo.

8. Según Julia, lo más positivo de trabajar juntos es que...
- ☐ a) les hace la vida más fácil.
- ☐ b) les proporciona dos sueldos.
- ☐ c) les evita recortar gastos.

9. Mario explica que...
- ☐ a) Julia y él se conocieron en un restaurante.
- ☐ b) a Julia y a él los echaron de su anterior empleo.
- ☐ c) ahora, los dos tienen trabajo en una inmobiliaria.

10. Julia cuenta que Mario tiene una abuela que...
- ☐ a) les ayudó en los momentos difíciles.
- ☐ b) les dio la idea de vivir en el pueblo.
- ☐ c) les inspiró a tomar una decisión.

11. Mario explica que en casa de la abuela...
- ☐ a) aprendieron a hacer tortilla.
- ☐ b) tomaron productos de su huerta.
- ☐ c) comieron manzanas en el patio.

12. Ahora Mario y Julia...
- ☐ a) tienen planes de ampliar su negocio.
- ☐ b) dan empleo a sus familiares.
- ☐ c) van a tener un hijo pronto.

Tarea 3 18

Instrucciones

Usted va a escuchar en un programa radiofónico seis noticias sobre gastronomía y nutrición. Escuchará la audición dos veces. Después, debe contestar a las preguntas (13-18). Seleccione la opción correcta (a / b / c).

Ahora tiene 30 segundos para leer las preguntas.

PREGUNTAS

Noticia 1

13. Según la noticia, las nueces...

- [ ] a) solo se deben comer crudas.
- [ ] b) son necesarias para la actividad mental.
- [ ] c) proporcionan mucha energía.

Noticia 2

14. Según la radio, un consejo para mejorar nuestra alimentación es...

- [ ] a) incluir suficientes vitaminas.
- [ ] b) garantizar una alimentación variada.
- [ ] c) comer poco normalmente.

Noticia 3

15. Según la noticia, los huevos...

- [ ] a) se deben incluir en la alimentación de los estudiantes.
- [ ] b) contienen colina, que protege el cerebro de los ancianos.
- [ ] c) pueden contribuir a que se potencie la memoria.

Noticia 4

16. La noticia dice que tomar espinacas...

- [ ] a) puede ayudar a hacer mejor la digestión.
- [ ] b) aporta vitaminas si se comen crudas.
- [ ] c) cocinadas proporciona minerales que bajan la tensión.

Noticia 5

17. La noticia dice que los ajos negros...

- [ ] a) pueden proteger de enfermedades.
- [ ] b) se deben consumir maduros.
- [ ] c) ayudan a tener buen aliento.

Noticia 6

18. Según la noticia, en Roma...

- [ ] a) se inventaron los platos de comida rápida.
- [ ] b) en los edificios pobres se compartía la cocina.
- [ ] c) existían lugares que vendían comida preparada.

Tarea 4 **Instrucciones**

19

Usted va a escuchar a seis personas que hablan sobre sus hábitos alimenticios. Escuchará a cada persona dos veces. Seleccione el enunciado (A-J) que corresponde al tema del que habla cada persona (19-24). Hay diez enunciados incluido el ejemplo. Selecciones seis.

Ahora escuche el ejemplo.

Persona 0
La opción correcta es el enunciado F.

Ahora tiene 20 segundos para leer los anunciados.

ENUNCIADOS

A. Come a cualquier hora.
B. Toma la fruta entre horas.
C. Le gusta la tarta de manzana.
D. Cambia su almuerzo según la época del año.
E. Es vegetariana por convicción.
F. Todos los días toma una manzana.
G. Se hizo vegetariana por amor.
H. Cultiva sus propias verduras.
I. No toma nada con aceite de oliva.
J. Nunca come huevos.

OPCIONES

	PERSONA	ENUNCIADO
0.	Persona 0	**F**
19.	Persona 1	
20.	Persona 2	
21.	Persona 3	
22.	Persona 4	
23.	Persona 5	
24.	Persona 6	

Tarea 5

20

Instrucciones

Usted va a escuchar una conversación entre dos personas, Ana y Benito. Indique si los enunciados (25-30) se refieren a Ana (A), a Benito (B) o a ninguno de los dos (C). Escuchará la conversación dos veces.

Ahora tiene 25 segundos para leer los enunciados.

	A. Ana	B. Benito	C. Ninguno de los dos
0. Es un familiar de Marta.	X		
25. Va a ser el cumpleaños de...			
26. Quiere dar una fiesta.			
27. Una persona no es española.			
28. Prefiere una celebración íntima.			
29. Conoció a su pareja en la universidad.			
30. Propone dos celebraciones.			

PRUEBA 3 EXPRESIÓN E INTERACCIÓN ESCRITAS

Esta prueba contiene dos tareas.
Duración de la prueba: **60 minutos**

Tarea 1

Instrucciones

Lea el correo electrónico que le ha escrito su amiga y responda.

Querido/-a amigo/-a:
Me he dado cuenta de que hace siglos que no nos vemos. Por eso he pensado que sería una buena idea organizar una cena en mi casa el sábado 15 a las 20:00h con todo el grupo de clase. Yo voy a preparar aperitivos y también pondré las bebidas. Y cada una/o puede traer un plato o un postre. Por favor, dime qué plato o postre vas a traer para que no repitamos. Dime también si tienes alguna alergia o hay algo que no te gusta o no puedes comer.
Pongo copia de este correo a todas las personas del grupo.
Espero que todos vengáis.

Un abrazo,
Sandra

Enviar

Escriba un correo electrónico a Sandra para responder a sus preguntas. En él deberá:

- saludar;
- responder a las peticiones de Sandra;
- dar alguna sugerencia para la cena;
- despedirse.

El texto tendrá una extensión de **entre 100 y 120 palabras**.

Tarea 2

Instrucciones

Elija una de las dos opciones que se le ofrecen a continuación.

OPCIÓN 1

Lea el siguiente enunciado publicado en la web de una radio:

> Participe en nuestro concurso «Qué comemos hoy» y envíenos la receta de su plato favorito.

Redacte un texto que incluya:

- los ingredientes que lleva este plato;
- unas breves instrucciones de cómo se prepara;
- cuándo suele comerse;
- su opinión sobre esta comida.

El texto debe tener una extensión de **entre 130 y 150 palabras**.

OPCIÓN 2

Lea el siguiente mensaje que le ha dejado el director del colegio en el que va a trabajar.

> Puesto que va a trabajar como ayudante en la cocina de un colegio, una de sus responsabilidades consiste en dar una lista de los alimentos que deben estar presentes en la dieta de los estudiantes.

Redacte un texto que incluya:

- una lista de los alimentos;
- la frecuencia con la que se deben tomar los alimentos;
- por qué conviene incluirlos en la dieta de los estudiantes.

El texto debe tener una extensión de **entre 130 y 150 palabras**.

PRUEBA 4 EXPRESIÓN E INTERACCIÓN ORALES

Esta prueba contiene cuatro tareas.

Tarea 1 Realizar una presentación breve. (2-3 minutos)
Usted deberá hablar sobre un tema durante dos o tres minutos.

Tarea 2 Participar en una conversación. (3-4 minutos)
Usted debe dialogar con el entrevistador sobre el tema de la Tarea 1 durante tres o cuatro minutos.

Tarea 3 Describir una fotografía y participar en una conversación. (2-3 minutos)
Usted debe describir una fotografía durante uno o dos minutos. Después, el entrevistador le hará algunas preguntas a partir del tema de la fotografía.

Tarea 4 Diálogo en situación simulada. (2-3 minutos)
Usted debe dialogar con el entrevistador en una situación simulada durante dos o tres minutos.

Tiene 15 minutos para preparar las Tareas 1 y 2. Usted puede tomar notas y escribir un esquema de su exposición que podrá consultar durante el examen; en ningún caso podrá limitarse a leer el esquema.

Tarea 1

Instrucciones

A continuación, tiene un tema y unas indicaciones para preparar una exposición oral. Tendrá que hablar **durante 2 o 3 minutos**. El entrevistador no interviene en esta parte del examen.

TEMA:

Hable de los **hábitos alimenticios de su país** y describa algún plato o platos típicos.

Incluya información sobre:

- qué país es;
- cuándo se come ese plato o platos: normalmente, en alguna ocasión especial, para celebraciones como una boda o en relación con alguna fiesta religiosa;
- la relación entre la geografía del país y lo que se come;
- cuál es su comida favorita.

Es importante:

- diferenciar las partes de su exposición: introducción, desarrollo y conclusión final;
- ordenar y relacionar bien las ideas;
- justificar sus opiniones y sentimientos.

Tarea 2

Instrucciones

Cuando haya terminado su exposición, usted deberá mantener una conversación con el examinador sobre el tema de la Tarea 1 **durante 3 o 4 minutos.**

EJEMPLOS DE PREGUNTAS DEL ENTREVISTADOR:

- *Un plato típico de su país es... ¿Sabe sus ingredientes? ¿Sabe cómo se prepara?*
- *¿Conoce algún plato típico de algún país hispanohablante? ¿De cuál? ¿Lo ha probado? ¿Dónde?*
- *De los platos que ha probado, ¿cuál es el que más le ha gustado? ¿Por qué? ¿Lo recomendaría?*
- *¿Cuáles son los aspectos más importantes, en su opinión, para elegir un determinado restaurante? ¿Por qué?*

Tarea 3 **Instrucciones**

Observe la siguiente imagen:

Describa con detalle lo que ve en la foto y lo que imagina que está ocurriendo.
Estos son algunos aspectos que puede comentar:

- Las personas: dónde están, cómo son, qué hacen.
- El lugar en el que se encuentran: cómo es.
- Los objetos: qué objetos hay, dónde están, cómo son.
- ¿Qué relación cree que existe entre las personas?
- ¿De qué cree que están hablando?

Posteriormente, el entrevistador le hará algunas preguntas.

EJEMPLOS DE PREGUNTAS DEL ENTREVISTADOR:

- *¿Cuándo es la última vez que ha estado en un restaurante? ¿Con quién fue?*
- *¿Conoce usted alguno parecido al de la imagen?*
- *¿Cómo es su restaurante favorito?*
- *¿Come a menudo en restaurantes?*
- *¿Le gustaría conocer algún restaurante específico? ¿Por qué?*

Tarea 4 **Instrucciones**

Usted debe dialogar con el entrevistador en una situación simulada **durante 2 o 3 minutos**.

EJEMPLO DE SITUACIÓN:

Usted estuvo ayer comiendo (o cenando) en un restaurante. Por la noche se ha sentido muy mal, con náuseas y dolor de estómago. Ha ido al médico de urgencias y le ha dicho que tiene una intoxicación alimentaria.
Imagine que el entrevistador es el encargado del restaurante en el que comió. Hable con él siguiendo estas indicaciones.

Durante la conversación con el encargado del restaurante usted debe:

- indicarle cuándo comió o cenó en ese restaurante;
- explicarle lo que le ha pasado; cuándo se empezó a sentir mal;
- informar de lo que comió;
- quejarse por la situación y pedir algún tipo de indemnización.

EJEMPLO DE PREGUNTAS DEL ENTREVISTADOR:

- *Hola, buenos días. ¿En qué puedo ayudarle?*
- *¿Y cuándo dice que comió (o cenó) aquí? ¿Quizá comió algo antes de venir aquí?*
- *¿Qué pidió? ¿Es usted la única persona enferma? ¿Tiene usted alguna alergia?*
- *¿Tiene usted un informe del médico?*

PRUEBA 1 COMPRENSIÓN DE LECTURA

Tarea 1

1. H

[...] comer *productos de calidad* en un *ambiente acogedor y tranquilo* [...] nos *importa tu salud...*

(DE PRIMERA parece el lugar ideal para Lucía que desea celebrar su embarazo y al mismo tiempo podrá tomar comida saludable).

2. A

[...] las *mejores carnes y los productos más frescos* [...] de lunes a viernes [...] *mitad de precio si solo elige ese plato.*

(Perfecto para Hugo que solo suele comer un plato principal de pollo, carne o pescado).

3. B

[...] selección de *tapas elaboradas con productos de primera calidad* y en las que hemos fusionado los *sabores tradicionales con elementos de cocinas exóticas y lejanas.*

(En GASTROBAR se pueden tomar tapas originales y de buena calidad).

4. I

Los únicos animales que encontrarás son nuestros loros [...] delicias hechas con *verduras, legumbres, semillas...*

5. D

[...] *tapas y pinchos diferentes* [...] cinco tapas o pinchos y *te regalamos* uno...

(GASTROPINCHO es el lugar adecuado para León y sus amigos que no pueden gastar mucho dinero y a los que les gusta tomar tapas).

6. E

Postres caseros [...] nuestra oferta [...] *plato principal y postre.*

(EL SECRETO DE LOLA es perfecto para Violeta por tener variedad de postres y por la oferta –plato principal y postre– que propone).

Tarea 2

7. c

Su familia tenía una panadería y la influencia de su madre, que le cocinaba a diario, *marcaron su forma de ver la gastronomía.*

8. b

[...] decidió crear un concepto culinario tan innovador que logró que las *personas de otros países* quisieran venir a tierras mexicanas *a probar sus famosos platillos.*

9. c

En Pujol se sirve cocina mexicana *elaborada con productos locales* y...

10. b

[...] ha abierto otros establecimientos en su país como Eno, *una lonchería* gourmet *con tres sedes en la Ciudad de México.*

11. c

Más adelante apareció *Uno* (2000) en el que, además de presentar *la historia y filosofía de su trabajo...*

12. b

Ha participado en el programa de televisión Diario de un cocinero.

Tarea 3

13. C

Hace dos años *tuve una depresión muy profunda* y mi terapeuta me recomendó [...] *talleres de cocina* y pensé que era algo que podría ayudarme [...] y *ya no estoy deprimido.*

14. A

[...] *me enamoré de un cocinero...*

15. B

[...] yo pasaba mucho tiempo *con mi abuela* Pepa que era *una excelente cocinera* [...] *Ella me enseñó todo lo que sé...*

16. A

Actualmente *me dedico a la cocina de manera profesional...*

17. C

Aunque me temo que ahora *corro el peligro de engordar: cocino demasiado bien.*

18. B

[...] *pensé en hacerme cocinero* profesional, pero me hice arquitecto.

Tarea 4

19. C	**22. B**
20. H	**23. E**
21. F	**24. D**

Tarea 5

25. B

La opción correcta es *su*, determinante posesivo singular. *Sus* está en plural; *suyo* es un pronombre y por lo tanto no puede aparecer delante de un nombre.

26. A

Es el único de los términos que se refiere a personas que hacen investigación.

Investigaciones es el plural de *investigación* que significa acción y efecto de investigar. *Investigados* puede ser un adjetivo o se puede sustantivar –*los investigados*– para referirse a las personas que han sido objeto de una investigación.

27. C

La preposición correcta es *para* que indica finalidad.

28. A

Fomenta es la forma verbal correcta porque es la que concuerda con el sujeto de la oración «el consumo de vegetales crudos».

29. B

La respuesta correcta es *está* porque con los participios como *desaconsejado* se usa *estar*, ya que se trata de un resultado.

30. C

Porque es la opción correcta, ya que es la conjunción que indica la razón o causa de la oración principal. En *por que*, tenemos un *que*, pronombre relativo. Y *por qué* es un interrogativo.

PRUEBA 2 COMPRENSIÓN AUDITIVA

Tarea 1

1. b

El primero en hacerlo será *el músico canario* Tito Salas, *que también ha compuesto la melodía* para el programa...

2. c
[...] *dos pueden ser de verduras y tres de frutas.*
3. a
Ahora tienes la oportunidad de *convertirte en un cocinero de primera* en solo nueve meses. *Nuestro curso intensivo...*
4. c
En *Cuerpos sanos, nuestro centro de dietética* [...] Con nuestra propuesta de alimentación y una hora de ejercicio al día *los kilos de sobra se irán y no volverán.*
5. a
[...] empieza *la quincena de la tapa* [...] *20 de estos deliciosos platos a mitad de precio...*
6. a
[...] recuerde que *en primavera* los fresones [...] así que están *más sabrosos y a buen precio.*

Tarea 2

7. b
[...] creemos que *es perfectamente compatible vivir juntos y trabajar juntos.*
8. a
Y en nuestro caso *resulta algo muy positivo,* ya que de esta manera tenemos el mismo horario, las mismas vacaciones y *podemos organizarnos mejor.*
(Para Julia y Mario trabajar juntos les facilita la vida porque se organizan mejor).
9. b
Y como Julia y yo éramos de los más jóvenes y con menos tiempo en la empresa, *nos fuimos a la calle los dos...*
(Es decir, a Julia y a Mario los despidieron de la empresa).
10. c
¡La gran idea! Y fue *gracias a la abuela de Mario...*
11. b
[...] con la abuela recogiendo verduras y frutas de la huerta. Nos pusimos los tres en su cocina a preparar la comida: una *menestra de verduras frescas* [...] *tarta de manzana* [...] *mermelada con ciruelas.*
12. b
Además, hemos podido *dar empleo a dos primos míos y al cuñado de Julia.*
(Los primos y el cuñado son familiares).

Tarea 3

13. c
Este fruto seco de *gran valor energético...*
14. b
[...] *comer de todo* con prudencia [...] y *nutrientes necesarios para su buen funcionamiento.*
(Es necesario comer de todo sin abusar y así conseguir todos los nutrientes que garanticen una alimentación variada para el buen funcionamiento del organismo).
15. c
[...] existe una *correlación entre su ingesta* y unos *mejores resultados en ciertos tests de memoria.*
(Es decir, los huevos contribuyen a mejorar la memoria).
16. a
Además, *aporta fibra, que facilita las digestiones.*
17. a
También posee cinco veces más polifenoles, unos compuestos *considerados anticancerígenos.*
(El cáncer es una enfermedad, si el ajo negro contiene compuestos anticancerígenos, puede proteger de enfermedades).
18. c
[...] no solían cocinar sus platos, sino que *compraban su comida ya preparada* en quioscos...

Tarea 4

19. G
Pero *me enamoré de un chico vegetariano* que además es un cocinero de primera...
20. J
Los huevos *no los pruebo...*
21. H
Como tengo mucho tiempo libre, *he plantado verduras* en esa tierra y ahora *tengo una huerta.*
22. B
Y, si tengo hambre entre horas, *como una pieza de fruta.*
23. D
[...] *en invierno* [...] para el *almuerzo,* un buen primer plato de *legumbres* [...] *En verano* [...] para el *almuerzo* como *ensaladas.*
24. C
[...] pero también *me encantan las tartas de manzana.*

Tarea 5

25. C
[...] dentro de dos semanas *es el cumpleaños de Marta...*
26. A
[...] *he pensado* que sería una buena idea *dar una fiesta sorpresa.*
27. B
Ya sabés que *yo soy argentino.*
28. B
[...] habíamos pensado en *celebrarlo de una manera más tranquila.* Los dos solos.
29. B
Marta y yo *nos conocimos en la cafetería de la facultad.*
(Si estudiaban en una facultad, es que estaban en la universidad).
30. A
Vosotros *celebráis vuestra cena íntima* [...] y yo *preparo una gran fiesta* para...
(Va a haber dos celebraciones: la cena íntima y la fiesta que va a preparar Ana).

CLAVES DE RESPUESTA

PRUEBA 1 COMPRENSIÓN DE LECTURA

TAREA 1	1H	2A	3B	4I	5D	6E
TAREA 2	7c	8b	9c	10b	11c	12b
TAREA 3	13C	14A	15B	16A	17C	18B
TAREA 4	19C	20H	21F	22B	23E	24E
TAREA 5	25b	26a	27c	28a	29b	30c

PRUEBA 2 COMPRENSIÓN AUDITIVA

TAREA 1	1b	2c	3a	4c	5a	6a
TAREA 2	7b	8a	9b	10c	11b	12b
TAREA 3	13c	14b	15c	16a	17a	18c
TAREA 4	19G	20J	21H	22B	23D	24C
TAREA 5	25C	26A	27B	28 B	29B	30A

EXAMEN 5

Viajes y vacaciones

PRUEBA 1 COMPRENSIÓN DE LECTURA

Esta prueba contiene cinco tareas. Usted debe responder a 30 preguntas.
Duración: **70 minutos**.

Tarea 1

Instrucciones

Usted va a leer seis textos en los que se explican las preferencias para viajar de varias personas. Relacione las personas (1-6) con los textos de la lista (A-J).

HAY TRES TEXTOS QUE NO DEBE RELACIONAR.

	PERSONA	TEXTO
0.	ASUN	F
1.	JAVIER	
2.	EDU	
3.	BLANCA	
4.	JORGE	
5.	ANTONIA	
6.	JOSÉ	

 **0. ASUN**	Vive en Madrid y le encanta salir los fines de semana a disfrutar de la naturaleza, pero no le gusta conducir, así que tiene que elegir lugares a los que se pueda llegar en transporte público.
 **1. JAVIER**	Nació en Tenerife (Islas Canarias) y ahora vive en otra isla, Mallorca. Le encanta el mar y navegar, tiene un pequeño barco de recreo con el que sale siempre que tiene días libres y así conocer los rincones de su nuevo lugar de residencia.
 **2. EDU**	Es peruano y conoce muy bien su país. Ahora quiere viajar por otros países de América. Le interesan mucho las culturas precolombinas y adentrarse en la naturaleza, pero también le gusta poder alojarse en un buen hotel y disfrutar de las comodidades de la vida moderna. No puede viajar a lugares a gran altura, ya que se pone muy enfermo, por eso prefiere las zonas costeras.
 **3. BLANCA**	Es de Mallorca, pero actualmente trabaja en el Museo del Prado de Madrid. Echa mucho de menos el mar, pero no puede ir a su isla tanto como le gustaría. Aprovecha los fines de semana para descubrir ciudades históricas y prefiere las que tengan un río o un lago cerca.
 **4. JORGE**	Es venezolano. Su familia es de origen canario y tiene mucha ilusión en conocer la tierra de sus abuelos. Por eso, aprovechando un viaje de trabajo a España se tomará dos días libres para viajar a las islas.
 **5. ANTONIA**	Le encanta viajar y le apasionan las ciudades con mucha historia y con monumentos, como iglesias y palacios, pero odia las ciudades con murallas. Tiene mucha ilusión por ir a Sudamérica y ya ha empezado a ahorrar para su billete de avión.
 **6. JOSÉ**	Es profesor de arqueología y pasa la mayor parte del tiempo en excavaciones. Cuando tiene vacaciones le gusta visitar grandes ciudades con mucha vida cultural, buenos restaurantes y si es posible que no tengan ruinas antiguas. No soporta el calor y le gusta viajar a Sudamérica en julio o agosto porque allí es invierno.

VIAJES

A	BUENOS AIRES Buenos Aires es un importante destino turístico mundial, su compleja infraestructura la convierte en una de las metrópolis de mayor importancia en Sudamérica. Es una ciudad global de categoría alfa, dada sus influencias en el comercio, finanzas, moda, arte, gastronomía, educación, entretenimiento y principalmente en su marcada cultura.
B	COCHABAMBA Es una ciudad boliviana, y es en la actualidad la tercera ciudad en importancia económica de Bolivia. Se encuentra situada en el centro del país, localizada en el valle del mismo nombre. Se encuentra en un valle de tierra fértil y productiva a 2571 m de altura. La ciudad, rodeada por campos de cultivos y valiosos vestigios arqueológicos preincaicos e incaicos, conserva su personalidad colonial.
C	TULUM Tulum o Tuluum fue una ciudad amurallada de la cultura maya, anterior a la llegada de los europeos. Está situada en el actual Estado de Quintana Roo, en el sureste de México, en la costa del mar Caribe. En la actualidad es un gran atractivo turístico de la Riviera Maya y, junto a ella, se encuentra la moderna población del mismo nombre, Tulum. La ciudad maya se encuentra dentro del Parque nacional Tulum.
D	PUERTO DE POLLENSA Es un pueblo costero con un puerto importante. El puerto de Pollensa se encuentra situado en el norte de la isla de Mallorca, hoy en día, el tráfico esencial del puerto es el de embarcaciones deportivas o de recreo, aunque permanece la pesca tradicional. La zona cuenta con una gran riqueza botánica autóctona.
E	CARTAGENA DE INDIAS Fundada por los españoles en el siglo XVI, durante toda la época colonial española Cartagena de Indias fue uno de los puertos más importantes de América. De esta época procede la mayor parte de su patrimonio artístico y cultural. Su centro histórico, la «Ciudad Amurallada», fue declarado Patrimonio Nacional de Colombia en 1959 y por la Unesco Patrimonio de la Humanidad en 1984.
F	NAVACERRADA Es una población de la Comunidad de Madrid situada a unos 1200 m de altitud, sobre el embalse del mismo nombre, a la entrada del Valle de la Barranca en plena Sierra de Guadarrama y rodeada de montañas. A 52 km de la capital, se puede acceder a ella por carretera y por tren.
G	ZAMORA Es una ciudad castellana con mucha historia a unas dos horas de Madrid. El casco antiguo de la ciudad tiene la calificación de conjunto histórico-artístico desde 1973. Se pueden ver iglesias románicas, visitar museos y tiene miradores con bonitas vistas sobre el río Duero.
H	CUZCO Fue la capital del Imperio inca y una de las ciudades más importantes del Virreinato del Perú, época en la que se engalanó de iglesias, palacios y hermosas plazas. Declarada Patrimonio de la Humanidad en 1983 por la Unesco, se la conoce como la Roma de América y es el principal destino turístico del Perú.
I	CIUDAD DE PANAMÁ La ciudad es el principal centro cultural y económico del país, posee una intensa actividad financiera y un centro bancario internacional y está considerada una de las Ciudades Más Competitivas de América Latina. El canal de Panamá y el turismo son también notables fuentes de ingreso para la economía de la ciudad, que cuenta con un clima tropical todo el año, junto a parques naturales y otros atractivos lugares de interés. Por su amplia oferta cultural y gastronómica fue elegida Capital Americana de la Cultura en el año 2003.
J	PUERTO DE LA CRUZ Es un municipio en la isla de Tenerife –Canarias, España– situado en el valle de la Orotava. Fue el lugar donde comenzó el turismo en Canarias y el primer centro turístico español de ámbito europeo. Todavía conserva intacto su muelle pesquero, adonde arriban temprano las barquitas con el pescado.

Tarea 2 **Instrucciones**

Usted va a leer un breve texto sobre Miguel de la Quadra-Salcedo. Después, debe contestar a las preguntas (7-12). Selecciones la respuesta correcta (a / b / c).

MIGUEL DE LA QUADRA-SALCEDO

Ingeniero, atleta, etnobotánico, reportero... Miguel de la Quadra-Salcedo podría responder a este perfil; sin embargo, estos términos no son suficientes para definirle. A sus 83 años de edad seguía siendo todo un aventurero.

Miguel de la Quadra-Salcedo nació en Madrid, aunque se considera más navarro-vasco, ya que allí es donde pasó gran parte de su infancia y donde comenzó su pasión por la aventura. A muy temprana edad ya le gustaba perderse por los montes de Navarra y leer las novelas de Julio Verne.

Durante sus años de universidad, empezó a destacar, más que por estudiante, por deportista. Tanto es así que, poco tiempo después formó parte del club de atletismo del Real Madrid e incluso participó en los Juegos Olímpicos de Roma en 1960, como lanzador de disco. En ese mismo año, De la Quadra-Salcedo viajó a Colombia acompañado de una cámara fotográfica con la que logró retratar el país sudamericano de tal forma que, tras esta experiencia, Televisión Española lo contrató como reportero.

Durante los años en los que ejerció la profesión periodística, De la Quadra-Salcedo fue testigo de muchos pasajes de la historia del siglo XX: la guerra de Vietnam, el golpe de Estado de Pinochet en Chile... Incluso estuvo a punto de ser ejecutado en el Congo. Pero, como siempre ha hecho, salió airoso de la situación. No solo ejerció de reportero, sino que también fue entrevistador durante un tiempo y llegó a charlar con personalidades como Pablo Neruda o el Dalai Lama.

En reiteradas ocasiones, Miguel de la Quadra-Salcedo reconoció que el gran logro de su vida fue la creación de «Aventura 92» (también llamada «Ruta quetzal»), actualmente conocida como la «Ruta BBVA» y declarada de interés universal por la UNESCO. En 1979, el Rey Juan Carlos invitó al aventurero a una cena de gala con el fin de incitarle a llevar a cabo esta iniciativa, algo que De la Quadra-Salcedo hizo sin pensarlo dos veces. Esta ruta por América Latina reúne cada año a jóvenes aventureros de 58 países distintos y en 2015 celebró su trigésima edición.

Sin embargo, en los últimos dos años, De la Quadra-Salcedo no pudo participar en esta emocionante aventura, ya que al caer de un helicóptero sus pulmones quedaron encharcados y necesitó estar conectado a una bombona de oxígeno. El fundador de la ruta aseguraba que, el día que pudieran meter el oxígeno en un avión, volvería a las andadas. No pudo ser. Falleció el 20 de mayo de 2016.

Información extraída de: *www.abc.es*

PREGUNTAS

7. La mejor definición de Miguel de la Quadra-Salcedo es la de...
- [ ] a) reportero.
- [ ] b) aventurero.
- [ ] c) ingeniero.

8. Miguel de la Quadra-Salcedo era originalmente...
- [ ] a) madrileño.
- [ ] b) vasco.
- [ ] c) navarro.

9. Según el texto, en 1960...
- [ ] a) empezó sus estudios universitarios en Madrid.
- [ ] b) trabajó como reportero para televisión española.
- [ ] c) fue atleta olímpico en los Juegos de Roma.

10. En el desempeño de su profesión de reportero, De la Quadra-Salcedo...
- [ ] a) estuvo a punto de perder la vida en una ocasión.
- [ ] b) llegó a entrevistar al general Pinochet.
- [ ] c) vivió una situación complicada con el Dalai Lama.

11. En el texto podemos leer que para De la Quadra-Salcedo, lo más importante de su vida fue...
- [ ] a) conocer al Rey Juan Carlos en 1979.
- [ ] b) obtener el reconocimiento de la UNESCO.
- [ ] c) fundar la ruta por América Latina.

12. De la Quadra-Salcedo...
- [ ] a) sufrió un encharcamiento de sus pulmones por el oxígeno de un avión.
- [ ] b) no podía respirar bien a consecuencia de un accidente.
- [ ] c) dudaba de que volviera a subir a un helicóptero en otra aventura.

Tarea 3 **Instrucciones**

Usted va a leer tres textos en los que tres personas cuentan por qué empezaron a cocinar y su relación con esta actividad. Relacione las preguntas (13-18) con los textos (A / B / C).

PREGUNTAS

		A. EVA	B. LUIS	C. NORA
13.	¿Quién puede viajar en avión por poco dinero?			
14.	¿Quién escribe relatos que ocurren en lugares que aparecían en los libros cuando era niña?			
15.	¿Quién ha viajado mucho desde su infancia?			
16.	¿Quién viajaba con su imaginación en su infancia?			
17.	¿Quién viajó a Finlandia de estudiante?			
18.	¿Quién lleva a su hija de viaje?			

TEXTOS

A. EVA

La verdad es que no recuerdo cuándo empecé a viajar, porque he viajado desde bebé. Con un mes de vida ya crucé el Atlántico porque mi madre, que era profesora, tenía que ir a dar un curso a una universidad norteamericana y, claro, me llevó con ella. A mis padres les encantaba, y todavía les encanta, viajar, así que de pequeña siempre hacíamos viajes cortos los fines de semana a pueblecitos, a ciudades históricas, al campo, a la montaña, a la playa... O a otros países cuando mis padres tenían tiempo y dinero. Yo he heredado esta afición viajera y el mes pasado mi marido, nuestra hija de un año y yo fuimos en avión a Finlandia, donde yo tenía que dar una conferencia.

B. LUIS

En mi caso, la afición por viajar, lo que se dice viajar, ha empezado a raíz de mi matrimonio. Me he casado con una mujer que trabaja en una compañía aérea de piloto y yo, como su marido, puedo viajar prácticamente gratis si hay disponibilidad en los vuelos de su compañía. Soy escritor y trabajo de manera autónoma, por lo que puedo disponer de mi tiempo y adaptarme a los horarios de mi esposa. La verdad es que de pequeño iba mucho al campo con mis padres y hacíamos senderismo y excursiones por la montaña. Pero no me subí a un avión hasta que fui a Finlandia con una beca Erasmus cuando estaba en la Universidad.

C. NORA

A mí me encanta viajar. Cuando era pequeña viajaba con mi imaginación porque en mi familia no tenían medios económicos para ir a otras ciudades y menos a otros países. Pero yo iba a la biblioteca de mi barrio y me encantaban los mapas, los relatos de viajeros, las revistas de viajes. Y empecé a inventar viajes a los lugares que descubría. Ahora escribo novelas de aventuras que ocurren en los lugares que, de pequeña, leía en la biblioteca, pero la diferencia es que mis relatos tienen mucho éxito y ahora puedo viajar a esos escenarios que de niña solo veía en mi imaginación.

Tarea 4 **Instrucciones**

Lea el siguiente texto del que se han extraído seis fragmentos. A continuación lea los ocho fragmentos propuestos (A-H) y decida en qué lugar del texto (19-24) hay que colocar cada uno de ellos.

HAY DOS FRAGMENTOS QUE NO TIENE QUE ELEGIR

FOTOGRAFÍAS

Rebuscando entre las cosas de mi madre, encuentro una caja de cartón ya algo estropeada en sus bordes, probablemente de mucho abrirla y cerrarla. **19.** _______________. De ella de niña, de ella de joven, de ella con sus hijos, con nosotros pequeños.

Hay una que me emociona: está con mi padre: los dos jovencísimos. No creo que tengan ni veinte años. **20.** _______________ y que la fotografía la tomó alguien que los acompañaba en su paseo hasta el río que se ve al fondo, detrás del árbol contra el que están apoyados felices y sonrientes.

En la fotografía, mi madre lleva una blusa clara, podría ser blanca o de algún color muy pálido y una falda con flores. En la cabeza lleva una boina muy graciosa de un color más bien oscuro, por debajo de la cual se adivinan sus pelo rizado y rubio. **21.** _______________. Y los dos llevan el mismo tipo de calzado: unas alpargatas como las que usaban los campesinos de esa zona.

Mi madre y mi padre se conocieron muy jóvenes. **22.** _______________ en el que vivía la familia de mi padre. Mi abuelo paterno, don Pedro, era médico y un hombre muy culto. Todas las tardes iba al casino –un edificio imponente y con cierta elegancia que hoy día se ha convertido en un hotel– a jugar al dominó y allí conoció a don José, mi abuelo materno. **23.** _______________.

Pronto la amistad se extendió a las familias y mi madre, la hija mayor de don José, y mi padre, el hijo mediano de don Pedro, se enamoraron. Fue amor a primera vista. No se separaron desde el día en que se vieron por primera vez. **24.** _______________.

Todas esas fotos en blanco y negro que mi padre sacó a mi madre o que les tomaron estando juntos son las que mi madre guardaba en la caja de bordes desgastados y que miraba y remiraba una y otra vez.

FRAGMENTOS

A. La juventud es una etapa maravillosa para tomar fotografías y guardarlas

B. Y mi padre, que acababa de comprarse una cámara fotográfica nueva, empezó a fotografiarla ese primer día

C. A mi abuelo, don José, que era funcionario lo destinaron al pueblo, casi una ciudad por su tamaño y muy próspero en aquel tiempo

D. Los dos hombres simpatizaron: los unía su afición al dominó y su pasión por la fotografía, pasión que heredó mi padre

E. Dentro encuentro fotografías, todas en blanco y negro, y todas de ella

F. Mi padre también va con una camisa clara, imagino que blanca y pantalones oscuros. Destacan sus ojos azules y su pelo negro peinado hacia atrás

G. Mis padres muchas veces iban a pasear junto al río que pasaba cerca del pueblo y mi padre tomaba fotografías

H. No puedo leer la fecha que viene por detrás, pero imagino que es de cuando acababan de conocerse

Tarea 5 **Instrucciones**

Lea el texto y rellene los huecos (25-30) con la opción correcta (a / b / c).

LOS ESCENARIOS DE CERVANTES

Cervantes viajó a Roma, donde vivió dos años. En *El licenciado Vidriera* la evoca a través de los muchos puentes que _____**25**_____ el río Tíber. Obviamente, el escritor no pudo disfrutar como hacen los turistas de hoy día _____**26**_____ espectáculo de luz y sonido en los foros de Augusto y de César.

Tras su etapa italiana, Cervantes pasó un _____**27**_____ en Argel, pero no por gusto, sino como cautivo. De aquella estancia nacieron cuatro obras de teatro *Los baños de Argel, Los tratos de Argel, La gran sultana, El gallardo español,* donde el autor denunciaba la situación de los soldados españoles _____**28**_____ estaban prisioneros en aquel lugar.

Pero está claro que los escenarios principales de la obra de Cervantes _____**29**_____ los de Castilla-La Mancha. No solo aparecen en *El ingenioso hidalgo don Quijote de la Mancha*, sino también en *La Galatea* y varias de sus *Novelas ejemplares.* En el Campo de Criptana _____**30**_____ se conservan molinos como los que Don Quijote atacó cuando los confundió con gigantes.

Información extraída de un texto de Josep M. Palau Riberaygua, publicado en *Magazine.*

OPCIONES

25.	a) cruzan	b) siguen	c) tienen
26.	a) de	b) de lo	c) del
27.	a) temporada	b) temporal	c) tiempo
28.	a) quien	b) que	c) cuáles
29.	a) son	b) parecen	c) están
30.	a) ya	b) todavía	c) todavía no

PRUEBA 2 COMPRENSIÓN AUDITIVA

Esta prueba contiene cinco tareas. Usted debe responder a 30 preguntas.
Duración: **40 minutos**.

Tarea 1

Instrucciones

21 Usted va a escuchar seis anuncios. Escuchará cada anuncio dos veces. Después, debe contestar a las preguntas (1-6). Seleccione la opción correcta (a / b / c).

Ahora tiene 30 segundos para leer las preguntas.

PREGUNTAS

Anuncio 1

1. Según el anuncio, Costa Cruceros...

- [ ] a) ofrece la posibilidad de hacer cruceros durante todo el año.
- [ ] b) regala 100 € a las familias que viajen con menores de 18 años.
- [ ] c) permite reservar gratis si se hace antes del 10 de abril.

Anuncio 2

2. Según la audición, buscavuelos.com...

- [ ] a) ofrece la posibilidad de elegir asientos.
- [ ] b) tiene ofertas con algunas compañías.
- [ ] c) garantiza los precios más baratos.

Anuncio 3

3. Según este anuncio, en *Casavacional*...

- [ ] a) si reservas hoy encontrarás algún tipo de rebaja.
- [ ] b) los apartamentos de la playa tienen 50 % de descuento.
- [ ] c) hay cincuenta cabinas en el bosque en oferta.

Anuncio 4

4. El anuncio sobre Puerto Rico...

- [ ] a) se dirige a turistas que busquen lugares con cinco estrellas.
- [ ] b) ofrece visitas por las calles del viejo San Juan.
- [ ] c) destaca las posibilidades que ofrece su naturaleza.

Anuncio 5

5. Según el anunciante, la mejor manera de conocer Buenos Aires es...

- [ ] a) dando un paseo en barco por el Río de la Plata.
- [ ] b) caminando por sus diversos barrios.
- [ ] c) haciendo un itinerario cultural temático.

Anuncio 6

6. Este anuncio es para personas que...

- [ ] a) suelen viajar solas.
- [ ] b) no saben a dónde ir.
- [ ] c) buscan pareja.

Tarea 2 **Instrucciones**

22

Usted va a escuchar un fragmento del programa «De profesión: sus viajes», en el que Rosa, una guía turística, cuenta experiencias sobre su vida y sus viajes. Escuchará la audición dos veces. Después, debe contestar a las preguntas (7-12). Seleccione la opción correcta (a / b / c).

Ahora tiene 30 segundos para leer las preguntas.

PREGUNTAS

7. Según la audición, hace tres años que Rosa...
- ☐ a) dejó sus estudios.
- ☐ b) consiguió un empleo.
- ☐ c) fue a Liverpool y a Boston.

8. Rosa explica que consiguió el empleo...
- ☐ a) gracias a su experiencia viajera.
- ☐ b) porque solo había dos candidatos.
- ☐ c) por su conocimiento de Latinoamérica.

9. Rosa cuenta que solicitó el empleo porque...
- ☐ a) su perfil se adaptaba al puesto.
- ☐ b) la agencia paga muy bien.
- ☐ c) los requisitos estaban claros.

10. Según lo que ha dicho Rosa, para trabajar en la agencia de viajes...
- ☐ a) era necesario saber inglés.
- ☐ b) era importante entender francés.
- ☐ c) era útil hablar portugués.

11. Rosa explica que...
- ☐ a) actualmente compagina su trabajo con sus estudios.
- ☐ b) quiere concentrarse en sus estudios y dejar su trabajo.
- ☐ c) podrá conseguir un puesto en la universidad si hace un doctorado.

12. Rosa concluye su charla diciendo que...
- ☐ a) en su trabajo como guía no ha tenido experiencias negativas.
- ☐ b) conocer a viajeros y gente nueva es lo mejor que le ha pasado.
- ☐ c) la posibilidad de viajar todavía le parece algo fantástico.

Tarea 3 **Instrucciones**

23

Usted va a escuchar en un programa radiofónico seis noticias sobre viajes. Escuchará la audición dos veces. Después, debe contestar a las preguntas (13-18). Seleccione la opción correcta (a / b / c).

Ahora tiene 30 segundos para leer las preguntas.

PREGUNTAS

Noticia 1

13. Según la noticia...

- [ ] a) cada vez hay más personas que practican el nomadismo.
- [ ] b) hay agencias que alquilan vehículos que sirven para alojarse.
- [ ] c) existen camas móviles disponibles para todo tipo de acontecimientos.

Noticia 2

14. Según la noticia de la radio, el tren a Sigüenza...

- [ ] a) ofrece entretenimiento a bordo.
- [ ] b) funciona todos los fines de semana.
- [ ] c) circula a 130 km por hora.

Noticia 3

15. Según la noticia, la agencia Unagi Travel...

- [ ] a) ofrece itinerarios para personas que quieran viajar con sus peluches.
- [ ] b) envía peluches desde Tokio a cualquier lugar por 35 $.
- [ ] c) promociona viajes por Japón para todo tipo de peluches.

Noticia 4

16. La noticia dice que...

- [ ] a) los participantes en la prueba sufren condiciones muy duras.
- [ ] b) cien ciclistas van a atravesar Marruecos en seis días.
- [ ] c) las bicicletas para cruzar el Sahara serán eléctricas a partir de este año.

Noticia 5

17. La noticia dice que la compañía Space Expedition Corporation informa de la posibilidad de hacer turismo espacial...

- [ ] a) de una hora de duración por 72000 €.
- [ ] b) a menores de 80 años previamente entrenados.
- [ ] c) a personas sin ningún tipo de entrenamiento.

Noticia 6

18. Según la noticia...

- [ ] a) en México ha aumentado el número de turistas.
- [ ] b) durante este año ha viajado más gente que el año pasado.
- [ ] c) a España viajan más turistas que a Francia.

Tarea 4 **Instrucciones**

24

Usted va a escuchar a seis personas que hablan de cómo les gusta pasar el tiempo libre y disfrutar de su ocio. Escuchará a cada persona dos veces. Seleccione el enunciado (A-J) que corresponde al asunto del que habla cada persona (19-24). Hay diez enunciados incluido el ejemplo. Selecciones seis.

Ahora escuche el ejemplo.

Persona 0
La opción correcta es el enunciado F.

Ahora tiene 20 segundos para leer los anunciados.

ENUNCIADOS

A. Hizo un viaje inolvidable.
B. Viajó mucho de joven.
C. Hace excursiones y monta en bici.
D. Elige ir a una casa rural cuando necesita relajarse.
E. No le gustan los viajes organizados.
F. Le gusta pasar las vacaciones en una pequeña casa tranquila y lejos de mucha gente.
G. Escaló una montaña cuando era joven.
H. Vive en un pueblo muy tranquilo.
I. Viaja en coche con su familia en el verano.
J. Fue con su novia a un viaje con todo organizado.

OPCIONES

	PERSONA	ENUNCIADO
0.	Persona 0	**F**
19.	Persona 1	
20.	Persona 2	
21.	Persona 3	
22.	Persona 4	
23.	Persona 5	
24.	Persona 6	

Tarea 5

Instrucciones

25

Usted va a escuchar una conversación entre dos personas, Alejo y Berta. Indique si los enunciados (25-30) se refieren a Alejo (A), a Berta (B) o a ninguno de los dos (C). Escuchará la conversación dos veces.

Ahora tiene 25 segundos para leer los enunciados.

	A. Alejo	B. Berta	C. Ninguno de los dos
0. Ya está pensando a dónde irá en verano.		X	
25. Vivió en Colombia durante su infancia.			
26. A su padre le han regalado unos billetes.			
27. Ha viajado a América Latina varias veces.			
28. Le molesta el calor.			
29. Toma sus vacaciones en invierno.			
30. La duración de su viaje depende del dinero.			

PRUEBA 3 EXPRESIÓN E INTERACCIÓN ESCRITAS

Esta prueba contiene dos tareas.
Duración de la prueba: **60 minutos**

Tarea 1

Instrucciones

Lea el correo electrónico que le ha escrito su amiga y responda.

Querida/-o amiga/-o:
¿Cómo estás? Yo bien. Deseando que lleguen las vacaciones. Y por eso te escribo. ¿Te apetece que hagamos un viajecito juntos/as? Me acabo de comprar un coche y he pensado que podríamos recorrer alguna región bonita y después pasar unos días relajándonos en una playa o un sitio tranquilo. Podríamos alojarnos en *campings* si no queremos gastar mucho. También he visto que hay vuelos bastante baratos a ciudades muy interesantes. Eso sería más caro porque tendríamos que ir a un hotel. Bueno ya me dirás qué piensas.
Espero tus noticias.

Un abrazo,
Manuela

Enviar

Escriba un correo electrónico a Manuela para responder a su propuesta. En él deberá:

- saludar;
- responder a las propuestas de Manuela;
- ofrecer alguna otra sugerencia para las vacaciones;
- despedirse.

El texto tendrá una extensión de **entre 100 y 120 palabras**.

Tarea 2

Instrucciones

Elija una de las dos opciones que se le ofrecen a continuación.

OPCIÓN 1

Para su clase de español, están preparando un blog en el que cada alumno tiene que relatar una experiencia viajera.

Redacte un texto que incluya:

- por qué eligió viajar a ese lugar;
- cuándo, cómo y con quién viajó;
- cinco cosas que hizo durante ese viaje;
- su valoración del viaje.

El texto debe tener una extensión de **entre 130 y 150 palabras**.

OPCIÓN 2

Un amigo suyo ha manifestado interés por conocer su ciudad, su país.

Redacte un texto que incluya:

- una selección de los lugares más interesantes de su ciudad o su país, explicando por qué;
- la mejor manera de viajar a su país: en qué medio de transporte, en qué época del año;
- qué transportes se pueden utilizar para desplazarse por su ciudad, o su país;
- qué tipos de alojamientos recomienda;
- cualquier otra sugerencia que considere puede ayudar al visitante.

El texto debe tener una extensión de **entre 130 y 150 palabras**.

PRUEBA 4 EXPRESIÓN E INTERACCIÓN ORALES

Esta prueba contiene cuatro tareas.

Tarea 1 Realizar una presentación breve. (2-3 minutos)
Usted deberá hablar sobre un tema durante dos o tres minutos.

Tarea 2 Participar en una conversación. (3-4 minutos)
Usted debe dialogar con el entrevistador sobre el tema de la Tarea 1 durante tres o cuatro minutos.

Tarea 3 Describir una fotografía y participar en una conversación. (2-3 minutos)
Usted debe describir una fotografía durante uno o dos minutos. Después, el entrevistador le hará algunas preguntas a partir del tema de la fotografía.

Tarea 4 Diálogo en situación simulada. (2-3 minutos)
Usted debe dialogar con el entrevistador en una situación simulada durante dos o tres minutos.

Tiene 15 minutos para preparar las Tareas 1 y 2. Usted puede tomar notas y escribir un esquema de su exposición que podrá consultar durante el examen; en ningún caso podrá limitarse a leer el esquema.

Tarea 1

Instrucciones

A continuación, tiene un tema y unas indicaciones para preparar una exposición oral. Tendrá que hablar **durante 2 o 3 minutos**. El entrevistador no interviene en esta parte del examen.

TEMA:

Hable de **algunos lugares emblemáticos de su país o de su ciudad**.

Incluya información sobre:

- qué país es;
- dónde están esos lugares, en qué ciudad o pueblo;
- por qué son importantes, para quién resultan interesantes o atractivos;
- cuál es su lugar favorito en su país y por qué.

Es importante:

- diferenciar las partes de su exposición: introducción, desarrollo y conclusión final;
- ordenar y relacionar bien las ideas;
- justificar sus opiniones y sentimientos.

Tarea 2

Instrucciones

Cuando haya terminado su exposición, usted deberá mantener una conversación con el examinador sobre el tema de la Tarea 1 **durante 3 o 4 minutos**.

EJEMPLOS DE PREGUNTAS DEL ENTREVISTADOR:

- *Una ciudad importante de su país es... Un monumento (museo, templo, ruina) importante de su país es... ¿Lo conoce? ¿Lo puede describir?*
- *De los lugares de su país, ¿cuál es el que más le gusta? ¿Por qué? ¿Lo recomendaría?*
- *¿Cuáles son los aspectos más importantes en su opinión para elegir viajar un determinado lugar o una determinada ciudad? ¿Por qué?*

Tarea 3 **Instrucciones**

Observe la siguiente imagen:

Describa con detalle lo que ve en la foto y lo que imagina que está ocurriendo.
Estos son algunos aspectos que puede comentar:

- Las personas: dónde están, cómo son, qué hacen.
- El lugar en el que se encuentran: cómo es.
- Las cosas que se ven ¿qué hay? ¿cómo son?
- ¿Qué relación cree que existe entre las personas?
- ¿De qué cree que están hablando?

Posteriormente, el entrevistador le hará algunas preguntas.

EJEMPLOS DE PREGUNTAS DEL ENTREVISTADOR:

- *¿Ha estado usted en algún lugar parecido al de la imagen? ¿Conoce usted algún lugar parecido al de la imagen?*
- *¿Cómo es? ¿Cuántas personas se encuentran en él? ¿Qué están haciendo?*
- *¿Le gustaría visitar algún lugar parecido? ¿Por qué? / ¿Por qué no?*
- *¿Qué tipo de viaje le gustaría hacer o qué tipo de lugar le gustaría visitar?*

Tarea 4

Instrucciones

Usted debe dialogar con el entrevistador en una situación simulada **durante 2 o 3 minutos**.

EJEMPLO DE SITUACIÓN:

Usted está en una agencia de viajes buscando información para hacer un viaje a España. Imagine que el entrevistador es el empleado de la agencia. Hable con él siguiendo estas indicaciones:

Durante la conversación con el empleado de la agencia usted debe:

- indicarle dónde y cuándo quiere viajar; preguntarle si hay ofertas;
- informarle de cuál es su presupuesto y explicarle sus preferencias;
- preguntar si se necesitan requisitos como visados, vacunas, etc. para viajar a ese lugar.

EJEMPLO DE PREGUNTAS DEL ENTREVISTADOR:

- *Hola, buenos días. ¿En qué puedo ayudarle?*
- *¿Y cuándo dice que quiere viajar? ¿Es flexible en sus fechas?*
- *¿De qué presupuesto dispone?*
- *¿Va a viajar solo o con un grupo?*

PRUEBA 1 COMPRENSIÓN DE LECTURA

Tarea 1

1. D

El puerto de Pollensa se encuentra situado en el norte de la *isla de Mallorca*, hoy en día, el *tráfico esencial del puerto es el de embarcaciones deportivas o de recreo...*

(Javier ahora vive en Mallorca y tiene un pequeño barco. Puerto de Pollensa es un lugar perfecto para él).

2. C

Tulum [...] una *ciudad amurallada de la cultura maya, anterior a la llegada de los europeos.* Está situada en el actual en el Estado de Quintana Roo, en el sureste de México, en la costa del mar Caribe. En la actualidad es un *gran atractivo turístico* de la Riviera Maya...

(Este lugar tiene de ruinas precolombinas –cultura maya– y al mismo tiempo es turístico, lo cual implica que habrá hoteles con comodidades. Esto es lo que está buscando Edu).

3. G

Es una *ciudad castellana con mucha historia* [...] tiene miradores con bonitas *vistas sobre el río Duero.*

(Es la ciudad que está buscando Blanca: histórica y con un río).

4. J

Es un *municipio en la isla de Tenerife –Canarias, España–...*

(Este es el lugar que Jorge quiere visitar porque está en Canarias, de donde procede su familia).

5. H

Fue la *capital del Imperio inca* y una de las *ciudades más importantes* del *Virreinato del Perú*, época en la que *se engalanó de iglesias, palacios y hermosas plazas.*

(Cuzco, en Perú, le ofrece a Antonia lo que está buscando para su viaje a Sudamérica).

6. A

Buenos Aires es un *importante destino turístico mundial* [...] en Sudamérica. [...] influencias en el *comercio, finanzas, moda, arte, gastronomía, educación, entretenimiento y principalmente en su marcada cultura.*

(Una ciudad como Buenos Aires parece cumplir los requisitos de José).

Tarea 2

7. b

[...] seguía *siendo* todo *un aventurero.*

8. a

[...] *nació* en Madrid.

9. c

[...] *participó en los Juegos Olímpicos* de Roma en 1960...

10. a

[...] *estuvo a punto de ser ejecutado...*

(Esto quiere decir que casi muere).

11. c

[...] fue la *creación* de «Aventura 92», también llamada «Ruta Quetzal».

12. b

[...] *al caerse* de un helicóptero *sus pulmones quedaron encharcados* y necesitó estar *conectado a dos bombonas de oxígeno.*

(Es decir, tuvo un accidente y no podía respirar bien).

Tarea 3

13. B

Me he casado con una mujer [...] piloto y [...] *puedo viajar prácticamente gratis...*

14. C

Ahora *escribo novelas* de aventuras *que ocurren en los lugares que, de pequeña, leía en la biblioteca...*

15. A

[...] he viajado *desde bebé.*

16. C

Cuando *era pequeña viajaba con mi imaginación...*

17. B

[...] fui a Finlandia con una beca Erasmus *cuando estaba en la universidad.*

18. A

[...] mi marido, *nuestra hija* y yo *fuimos en avión* a Finlandia.

Tarea 4

19. E	**22. C**
20. H	**23. D**
21. F	**24. B**

Tarea 5

25. a

Los puentes sirven para *cruzar* los ríos.

26. c

El verbo *disfrutar* exige la preposición *de* si se expresa su complemento. Y como es necesario el artículo *el*, *del* (de + el) es la respuesta correcta.

27. c

Se necesita un sustantivo masculino por la presencia de *un*, por lo que se descarta *temporada* (palabra femenina). Tampoco sirve *temporal* porque, aunque es del género masculino y tiene que ver con tiempo: se refiere al tiempo meteorológico, no al cronológico.

28. b

La única opción gramaticalmente posible es el pronombre relativo *que.*

29. a

Solo es posible *son* porque lo que se atribuye al su sujeto: *los de Castilla-La Mancha*, se refiere a *los escenarios*, un sustantivo.

30. b

De las tres opciones, *todavía*, por su sintaxis –un adverbio– y su significado –acción que sigue en el momento de lo enunciado– es la única posible.

PRUEBA 2 COMPRENSIÓN AUDITIVA

Tarea 1

1. a

[...] disfrutar de las mejores vacaciones en *cualquier momento.*

2. c

[...] encuentra *la mejor oferta...*

3. a

Oferta válida *solo el día de hoy...*

4. c

[...] puedes tirarte en «zipline» por un *bosque, remar* en kayak. *Sumergirte en las aguas turquesas de playas de arena blanca. De la costa a la montaña* unas vacaciones cinco estrellas esperando por ti.

5. b

Nuestro consejo: *descubrir la ciudad caminando por sus barrios...*

6. a

[...] pensadas para *personas que viajan sin compañía.*

Tarea 1

7. b

[...] *llevo tres años trabajando* como guía turística...

8. a

Mis *estancias en el extranjero* [...] me sirvieron [...] Por eso, cuando leí un *anuncio de una agencia que buscaba guías con algo de experiencia* para viajar por Latinoamérica, no lo dudé ni un minuto.

9. a

La verdad es que mi *curriculum vitae se adaptaba* bien al perfil que buscaban: joven, con estudios universitarios, con experiencia en el campo de los viajes, con disponibilidad para viajar, con conocimiento de idiomas... *Y yo cumplía*, vamos, *cumplo esos requisitos.*

10. c

[...] *me ayudó saber portugués* porque organizan *muchos circuitos por Brasil.*

11. a

No sé cuánto tiempo quiero pasar haciendo este tipo de trabajo, *de momento me interesa porque también estoy estudiando un máster de Estudios Lationamericanos...*

12. c

[...] sigo pensando que *viajar* y conocer mundo *es algo maravilloso.*

Tarea 3

13. b

Una opción para estrenarse son *los hoteles móviles* [...] donde haga falta *cubrir la necesidad de camas...*

(Según el texto, los llamados hoteles móviles son vehículos en los que se puede dormir).

14. a

[...] nos recibirán trovadores, malabaristas y magos *que amenizarán el viaje...*

15. c

La agencia Unagi Travel plantea la posibilidad de *mandar a los muñecos de peluche* preferidos *de viaje a Tokio o a otras ciudades céntricas de Japón.*

16. a

[...] afrontando un *intenso calor*, fuertes rachas de *viento* y tramos de arena que *obligan a seguir a pie* o pistas muy pedregosas que *torturan a los deportistas* y a sus bicicletas.

17. a

Viajar al espacio será una realidad [...] catálogo de *vuelos*, a los que *cualquier persona* podrá *acceder* previo pago de *72000 euros.*

18. b

[...] *durante este año alcanzaron* la cifra record de [...] un *aumento* del 4,3 % *respecto al año pasado.*

Tarea 4

19. D

Prefiero una *casa rural cuando estoy muy cansado...*

20. I

Entonces nosotros *cogemos nuestro coche y nos vamos de viaje* lo más lejos posible...

21. B

Cuando era estudiante, *viajaba mucho* [...] con el *billete de tren para jóvenes.*

22. E

Nada de viajes organizados, visitas programadas u hoteles con todo incluido.

23. A

[...] *viaje de novios fabuloso*: queríamos hacer el viaje de nuestra vida y así lo hicimos.

24. C

[...] y *vamos en bici* hasta el mar casi todos los días. También *hacemos excursiones* por los montes cercanos.

Tarea 5

25. A

¿Tú sabes que yo *viví ahí cuando era pequeño...*?

26. A

[...] su compañía *le ha regalado* cuatro billetes de avión...

27. B

Gracias a eso *he estado en muchos países de América Latina...*

28. A

[...] intento viajar a *lugares que no sean muy calurosos...*

29. C

Berta: ... *solo puedo viajar en verano.*

Alejo: Yo *en invierno no puedo viajar...*

30. B

Tengo que estudiar bien mi presupuesto: *no soy millonaria.*

CLAVES DE RESPUESTA

PRUEBA 1 COMPRENSIÓN DE LECTURA

TAREA 1	1D	2C	3G	4J	5H	6A
TAREA 2	7b	8a	9c	10a	11c	12b
TAREA 3	13B	14C	15A	16C	17B	18A
TAREA 4	19E	20H	21F	22C	23D	24B
TAREA 5	25a	26c	27c	28b	29a	30b

PRUEBA 2 COMPRENSIÓN AUDITIVA

TAREA 1	1a	2c	3a	4c	5b	6a
TAREA 2	7b	8a	9a	10c	11a	12c
TAREA 3	13b	14a	15c	16a	17a	18b
TAREA 4	19D	20I	21B	22E	23A	24C
TAREA 5	25A	26A	27B	28A	29C	30B

EXAMEN 6

Ciencia y salud

PRUEBA 1 COMPRENSIÓN DE LECTURA

Esta prueba contiene cinco tareas. Usted debe responder a 30 preguntas.
Duración: **70 minutos**.

Tarea 1

Instrucciones

Usted va a leer seis textos en los que se describen hábitos o características de varias personas y diez resúmenes de consejos o informaciones que les pueden ayudar a mejorar su salud. Relacione las personas (1-6) con los textos de la lista (A-J).

HAY TRES TEXTOS QUE NO DEBE RELACIONAR.

	PERSONA	TEXTO
0.	VICTORIA	**F**
1.	IGNACIO	
2.	ISABEL	
3.	BEATRIZ	
4.	PATRICIO	
5.	XIMENA	
6.	GONZALO	

 **0. VICTORIA**	Está preparando sus exámenes para entrar en la universidad y está muy nerviosa. Come poco y de manera desordenada y está durmiendo mal. Pasa casi todo el día en casa encerrada estudiando porque es muy responsable y quiere llegar al día del examen bien preparada.
 **1. IGNACIO**	Le gusta mucho practicar deportes, especialmente jugar al tenis. Lleva una vida sana y se alimenta correctamente, pero siempre toma de postre algo dulce y le encanta comer caramelos y bombones. Últimamente ha notado que cuando se lava los dientes nota dolor y cuando mastica siente molestias en una muela.
 **2. ISABEL**	Es química y trabaja en un laboratorio. Pasa mucho tiempo sentada delante de su microscopio o ante el ordenador. Suele hacer andando el camino de ida y vuelta a su casa y todos los sábados va a nadar, pero a veces siente sus piernas cansadas y pesadas.
 **3. BEATRIZ**	Está embarazada de su primer hijo y le preocupa mucho alimentarse de manera adecuada para estar fuerte y para que su bebé crezca sano. Es escritora y trabaja en su casa por lo que tiene tiempo para preparar sus comidas y pasear por su jardín.
 **4. PATRICIO**	Es dependiente en unos grandes almacenes y pasa mucho tiempo de pie y, aunque es joven, empieza a tener problemas de circulación y siente las piernas muy pesadas. Cuando sale de su trabajo está muy cansado, así que casi siempre vuelve a su casa en autobús y cuando llega a su casa se sienta en el sofá a oír música o ver la tele.
 **5. XIMENA**	Va a cumplir 65 años y está pensando en jubilarse. Tiene tres nietos y quiere pasar más tiempo con ellos. Siempre ha trabajado mucho porque se quedó viuda muy joven con tres hijos. Ahora piensa que ya tiene derecho a una vida más tranquila, aunque le da un poco de miedo la nueva situación sin horarios ni rutinas.
 **6. GONZALO**	Es cantante de ópera y tiene que cuidar mucho su voz. Por eso acude frecuentemente al médico (al otorrinolaringólogo) para que le vigile las cuerdas vocales, porque para su profesión es terrible quedarse afónico. También está pendiente de nuevos productos que contribuyan al bienestar de la garganta.

CONSEJOS DE SALUD

A	Si tiene un trabajo en el que pasa mucho tiempo de pie, no olvide este consejo: realice frecuentemente ejercicio físico moderado. Las actividades que más benefician a la circulación de las piernas son la natación o el caminar. El baile, la gimnasia y la bici también pueden ser buenas alternativas. Y hay más. Los encontrará en: www.vidasana/piernas
B	No se preocupe si siente dolor en la garganta después de una operación en las cuerdas vocales. Se trata de una intervención frecuente para quienes trabajan con su voz como profesores, cantantes o actores. No olvide tomar los analgésicos prescritos por su otorrinolaringólogo. Es fundamental no hablar o hacer sonidos durante al menos los primeros dos o cuatro días. Esto incluye los estornudos y la tos.
C	¿Su trabajo le obliga a permanecer quieto o sentado largos periodos de tiempo? ¿Siente las piernas pesadas a pesar de caminar y hacer ejercicio? Si este es su caso, trate de mover frecuentemente los pies, haciendo círculos a derecha e izquierda, y también agite suavemente las piernas. Y, levántese del asiento a menudo para caminar unos cuantos pasos.
D	Dejar de fumar tiene grandes beneficios para la salud. Algunos estudios demuestran que cuanto antes deja una persona de fumar, más esperanza de vida tendrá. Además, hay beneficios que el exfumador notará enseguida, como la recuperación del olfato y del gusto o la mejora, a los tres meses, de la función pulmonar. «El exfumador notará que tose menos y que se reducirá la fatiga o la congestión».
E	Por extraño que parezca, el azúcar no es la principal causa de las caries. Lo que las provoca es el ácido. Pero existe una relación entre el azúcar y el ácido. El azúcar hace que las bacterias que están en la boca produzcan el ácido que finalmente daña dientes y muelas. Es decir, que cuanto más azúcar consuma, más ácido se creará en la boca.
F	Si tiene problemas para conciliar el sueño, uno de los consejos que más se repite es el de hacer ejercicio: basta con andar durante 45 minutos. También se recomienda una rutina en el horario de acostarse y dormir en una habitación oscura y bien aireada.
G	¿Quiere quedarse embarazada? ¿Sabe que una buena dieta puede ayudarla a conseguirlo? Tome cereales integrales que contienen carbohidratos complejos de reducido índice glucémico, de modo que no aumentan la resistencia a la insulina. También coma huevos: un alimento rico en proteínas, así como en vitamina B12 y vitamina D. También incluya fruta, las mejores frutas para aumentar la fertilidad son las uvas pasas, las ciruelas y los frutos rojos. Y no olvide los vegetales de hoja verde oscura.
H	¿Sabía usted que el jengibre es muy eficaz para combatir el resfriado y otros síntomas concretos como son la tos o el dolor de garganta? Por ejemplo, se puede tomar en infusión y se recomienda para aliviar las molestias de garganta, y está muy rica añadiendo un poco de miel o de zumo de limón. Esta bebida tiene muchos beneficios medicinales, así como también propiedades suavizantes y calmantes para la garganta o en casos de afonía o cualquier otra infección.
I	¿Está esperando un hijo? No olvide cuidar su alimentación: una dieta óptima debe aportar un 10-15 % de la energía en forma de proteína, un 55-60 % en forma de hidratos de carbono y menos del 30 % en forma de grasas. Se aconseja hacer cuatro o cinco comidas diarias. Las frutas y verduras deben estar presentes en tres o cuatro de las comidas. El agua es básica y es recomendable beber 1,5-2 litros diarios. Así garantizará su salud y también la de su bebé.
J	Los expertos coinciden en señalar las múltiples ventajas de llevar una vida activa. Está demostrado que para las personas mayores la actividad física reduce el riesgo de padecer depresión, retrasa el envejecimiento funcional y minimiza el peligro de sufrir ciertas enfermedades. Concretamente, la vida sedentaria duplica las posibilidades de sufrir enfermedades cardiovasculares y diabetes tipo II a la vez que aumenta el riesgo de padecer hipertensión arterial.

Tarea 2 **Instrucciones**

Usted va a leer un breve texto sobre el científico español Severo Ochoa. Después, debe contestar a las preguntas (7-12). Selecciones la respuesta correcta (a / b / c).

SEVERO OCHOA

Nació en Luarca, Asturias, (España) el 24 de septiembre de 1905. Cuando Ochoa tenía siete años, falleció su padre y entonces su madre y él se fueron a vivir a Málaga, donde Severo realizó sus Estudios de Educación Primaria y el Bachillerato.

Ochoa optó por la carrera de Medicina y, una vez terminada su licenciatura en el verano de 1928, decidió dedicarse a la investigación. Gracias a una publicación acerca de la creatinina, en 1929 consiguió una invitación para unirse al laboratorio del instituto de biología Kaiser Wilhelm (hoy Instituto Max Planck) en Berlín con Otto Meyerhof, que había recibido el premio Nobel de Medicina en 1922.

En 1930, Ochoa regresa a Madrid a terminar su tesis doctoral, que defiende ese mismo año. En 1931 se casó con Carmen García Cobián, y es nombrado profesor ayudante de Juan Negrín para completar su formación posdoctoral. En septiembre de 1936 viajó a Alemania, luego al Reino Unido y, finalmente, en 1940 pasó a afincarse en los Estados Unidos. En 1941 consiguió trabajo en la Universidad de Washington (Sede San Luis) y en 1945 en la Universidad de Nueva York.

El matrimonio Ochoa se nacionalizó estadounidense en 1956 y conservó la doble nacionalidad española y estadounidense durante toda su vida. En 1959 fue galardonado con el Premio Nobel de Fisiología y Medicina. A partir de 1964 Severo Ochoa se adentró en el estudio de los mecanismos de replicación de los virus que tienen ARN como material genético. En 1967 fue nombrado doctor *honoris causa* por la Universidad de Oviedo (España).

España quiso recuperar su magisterio, y en 1971 se creó para él en Madrid el Centro de Biología Molecular. En 1985 volvió definitivamente a España para trabajar en el Centro de Biología Molecular Severo Ochoa, del que era Director Honorario. En 1987 ingresó en la Real Academia Nacional de Medicina de España, y fue nombrado presidente de la Fundación Jiménez Díaz. Publicó su último trabajo científico en 1986, con 81 años. Murió el 1 de noviembre de 1993 y fue enterrado en el cementerio de Luarca, su pueblo natal, junto a su esposa Carmen.

Información extraída de: *www.wikipedia.es*

PREGUNTAS

7. Según el texto, Ochoa...

- [ ] a) a los siete años, se trasladó a Málaga.
- [ ] b) hizo sus estudios de Primaria en Asturias.
- [ ] c) perdió a su padre en septiembre de 1905.

8. En el texto dice que Ochoa...

- [ ] a) recibió una invitación de Max Plank en 1922.
- [ ] b) fue a investigar a Berlín en 1929.
- [ ] c) terminó su licenciatura en Biología en 1928.

9. El texto informa de que Ochoa...

- [ ] a) completó su formación posdoctoral en Washington.
- [ ] b) fue nombrado profesor ayudante en Nueva York.
- [ ] c) se doctoró en Medicina en Madrid antes de casarse.

10. En el texto leemos que Ochoa...

- [ ] a) recibió el premio Nobel de Medicina por su estudio del ARN.
- [ ] b) renunció a su nacionalidad española en 1956.
- [ ] c) recibió un doctorado *honoris causa* en su país de origen.

11. Según el texto, Ochoa...

- [ ] a) publicó un trabajo científico con más de 80 años.
- [ ] b) presidió la Fundación Jiménez Díaz entre 1985 y 1987.
- [ ] c) trabajó en el Centro de Biología Nuclear desde 1971.

12. En el texto leemos que...

- [ ] a) la esposa de Ochoa falleció en noviembre de 1993.
- [ ] b) el matrimonio Ochoa descansa en el mismo cementerio.
- [ ] c) Severo Ochoa murió a los 81 años en su pueblo natal.

Tarea 3

Instrucciones

Usted va a leer tres textos en los que tres personas especialistas en nutrición hablan sobre sí mismos. Relacione los enunciados (13-18) con los textos (A / B / C).

PREGUNTAS

		A. CARLOS	B. PERDO	C. MÓNICA
13.	¿Quién ha seguido siempre la misma dieta?			
14.	¿Quién ha cambiado sus hábitos a causa de una enfermedad?			
15.	¿Quién basa su alimentación en artículos científicos?			
16.	¿Quién come algo que no le gusta porque dicen que es sano?			
17.	¿Quién ha estudiado la influencia de los minerales en lo que comemos?			
18.	¿Quién experimenta diferentes dietas?			

TEXTOS

A. CARLOS

Yo soy especialista en nutrición, pero no siempre ha sido así. En realidad, yo me preparé para trabajar de ayudante de vuelo porque me encanta viajar, y a eso me dediqué durante más de cinco años. Pero en uno de mis viajes, comí algo que me hizo mucho daño y estuve a punto de morir por la intoxicación. A partir de ese momento decidí ser muy consciente de lo que comía y empecé a leer artículos científicos sobre los alimentos y las bacterias que los atacan. Tanto me influyeron que no solo cambié mi manera de comer, sino también de profesión.

B. PEDRO

Yo soy médico dietista y trabajo en un centro especializado en nutrición. Es increíble las dietas que experimenta la gente con problemas de peso, especialmente las que padecen sobrepeso. A veces son tan increíbles que he llegado a hacerlas yo mismo para comprobar sus efectos. Creo que un científico como yo debe hacer experimentos. También he probado minerales, vitaminas, hierbas que he leído que tienen efectos beneficiosos para la salud. De hecho, llevo dos meses tomando un batido de verduras con un sabor horrible, pero que he notado que ha mejorado mi estómago.

C. MÓNICA

Yo soy científica: estudié Ciencias Químicas y me doctoré con una tesis enfocada en el efecto de ciertos minerales en la alimentación de los seres humanos. Creo que me he especializado en nutrición y alimentación porque me encanta comer y cocinar. Aunque debo decir que mis hábitos para alimentarme son muy tradicionales, como lo que se ha tomado siempre en mi casa: mucha verdura y fruta, mucho pescado, carne también y jamón, claro: soy española.

Tarea 4 **Instrucciones**

Lea el siguiente texto del que se han extraído seis fragmentos. A continuación, lea los ocho fragmentos propuestos (A-H) y decida en qué lugar del texto (19-24) hay que colocar cada uno de ellos.

HAY DOS FRAGMENTOS QUE NO TIENE QUE ELEGIR.

MISIÓN TRIPULADA

La NASA ha anunciado que está desarrollando la tecnología necesaria para enviar seres humanos al planeta Marte en la década de 2030. Y para cinco años antes –2025–, tiene prevista otra meta: la primera misión tripulada a un asteroide. **19.** _______________.

Se cree que en el pasado de Marte se dieron condiciones adecuadas para la vida y su exploración futura podría descubrir evidencias de vida, respondiendo a uno de los misterios fundamentales del cosmos: **20.** _______________. Los estudios científicos destacan que la formación y evolución del planeta rojo son comparables a la Tierra, lo que ayudaría a aprender más sobre la historia y el futuro de nuestro propio planeta

Durante más de 40 años, la NASA ha utilizado sondas espaciales y robots de exploración para estudiar Marte, de manera que considera que ya se puede plantear el siguiente gran paso: un viaje tripulado. También resulta de gran valor la experiencia aportada por la Estación Espacial Internacional, **21.** _______________ y sistemas de comunicación necesarios para las misiones humanas al espacio profundo, incluido Marte.

Los científicos explican que **22.** _______________ y así mejorar la forma de proteger la salud de los astronautas.

La agencia tiene previsto lanzar una cápsula Orión en una misión llamada Vuelo de Exploración Prueba 1, que orbitará dos veces la Tierra y comprobará el funcionamiento de sus 1 200 sensores. **23.** _______________ en el viaje más largo que el hombre haya emprendido jamás.

El próximo paso de la NASA será enviar una misión robótica para capturar y redirigir un asteroide en órbita alrededor de la Luna. Otras futuras misiones robóticas previstas para 2020 también tendrán el objetivo de probar tecnologías que puedan ayudar a los astronautas a sobrevivir.

Asimismo, **24.** _______________, y regresen a la Tierra con muestras. Esta experiencia en vuelos espaciales tripulados más allá de la órbita baja de la Tierra ayudará a probar nuevos sistemas y capacidades, como la propulsión solar eléctrica, que será fundamental para una misión humana a Marte.

Información extraída de: *www.20minutos.es*

FRAGMENTOS

A. Esta cápsula es la que sería la encargada de transportar a cuatro tripulantes
B. la estación espacial permite, asimismo, ampliar nuestra comprensión de cómo el cuerpo cambia en el espacio
C. Los astronautas son seleccionados por sus aptitudes físicas para participar en la misión a Marte
D. ¿Existe vida más allá de la tierra?
E. a pesar de las investigaciones, Marte sigue siendo un enigma para los científicos
F. ya que los astronautas destacados en el laboratorio orbital están probando muchas de las tecnologías
G. está previsto que astronautas a bordo de una nave espacial Orión exploren este asteroide en la década de 2020
H. La agencia espacial norteamericana hace así oficial uno de los grandes desafíos en la conquista del espacio

Tarea 5 **Instrucciones**

Lea el texto y rellene los huecos (25-30) con la opción correcta (a / b / c).

ES PEOR DORMIR MAL QUE DORMIR POCO

Muchos hemos experimentado que cuando dormimos mal nos ponemos de mal humor. Pues ahora, una investigación reciente realizada por la Universidad de Medicina Johns Hopkins ha _____**25**_____ que esto sucede sobre todo cuando nos despertamos a menudo por la noche.

Según este estudio, publicado _____**26**_____ la revista *Sleep*, quienes se despiertan varias veces por la noche conservan peor humor al día siguiente que quienes duermen el mismo tiempo, pero sin interrupciones de ningún tipo.

Para averiguarlo, estudiaron el comportamiento de 62 voluntarios _____**27**_____ a los que sometieron a distintos patrones de sueño _____**28**_____ tres días seguidos. Los que fueron despertados varias veces en la noche, redujeron su buen _____**29**_____ en un 31 % respecto al inicio de la prueba, mientras que los que durmieron poco, pero de golpe, solo lo redujeron en un 12 %.

_____**30**_____ preocupante, pues según estudios recientes, el 17 % de los europeos afirman no dormir toda la noche, y concretamente en España, el 65,3 % de los encuestados afirma despertarse alguna vez por la noche.

Información extraída de la revista *Quo*.

OPCIONES

25.	a) demostrando	b) demostrado	c) demostrar
26.	a) en	b) a	c) de
27.	a) salvados	b) sanos	c) saludados
28.	a) mientras	b) desde	c) durante
29.	a) humor	b) vida	c) salud
30.	a) Alguno	b) Alguien	c) Algo

PRUEBA 2 COMPRENSIÓN AUDITIVA

Esta prueba contiene cinco tareas. Usted debe responder a 30 preguntas.
Duración: **40 minutos**.

Tarea 1

Instrucciones

26

Usted va a escuchar seis anuncios. Escuchará cada anuncio dos veces. Después, debe contestar a las preguntas (1-6). Seleccione la opción correcta (a / b / c).

Ahora tiene 30 segundos para leer las preguntas.

PREGUNTAS

Anuncio 1

1. Este anuncio...

- [ ] a) destaca las ventajas de una medicina que ayuda a dormir.
- [ ] b) va dirigido a especialistas en el tratamiento del sueño.
- [ ] c) promociona un lugar donde curan trastornos del sueño.

Anuncio 2

2. Según la audición,

- [ ] a) se han recuperado las cámaras polaroid gracias a la ciencia tecnológica.
- [ ] b) se ha creado una pequeña impresora que pone en papel las fotos del móvil.
- [ ] c) se ha diseñado un nuevo un teléfono móvil que también es impresora.

Anuncio 3

3. Este anuncio...

- [ ] a) comenta la ausencia de ácaros en las viviendas con alfombras.
- [ ] b) señala la necesidad de encontrar a los ácaros en las almohadas.
- [ ] c) informa sobre máquinas con filtros que pueden aspirar los ácaros.

Anuncio 4

4. Según el anuncio...

- [ ] a) es posible curar la miopía de los dos ojos en minutos.
- [ ] b) la cirugía con láser es eficaz en todos los miopes.
- [ ] c) es necesario un examen diagnóstico previo de 15 minutos.

Anuncio 5

5. Este anuncio es de una máquina que...

- [ ] a) ayuda a caminar a las personas con problemas de motricidad.
- [ ] b) permite ejercitar las piernas sin tener que caminar.
- [ ] c) va dirigido a mayores con problemas de corazón.

Anuncio 6

6. Según el anuncio...

- [ ] a) el aceite de oliva es beneficioso para la salud.
- [ ] b) hay muchos estudios sobre el colesterol malo.
- [ ] c) la vitamina E ayuda a la buena digestión.

Tarea 2 **Instrucciones**

27

Usted va a escuchar un fragmento del programa «¿Quiere conocer a nuestros futuros investigadores?», en el que Sandra habla sobre su vida. Escuchará la audición dos veces. Después, debe contestar a las preguntas (7-12). Seleccione la opción correcta (a / b / c).

Ahora tiene 30 segundos para leer las preguntas.

PREGUNTAS

7. Según la audición, Sandra...
- ☐ a) es una bióloga bogotana.
- ☐ b) está estudiando Medicina.
- ☐ c) investiga sobre la malaria.

8. Sandra explica que en su país...
- ☐ a) hay más de 20 millones de personas en peligro de padecer malaria.
- ☐ b) el 85 % de la población está en riesgo de contraer la malaria.
- ☐ c) existen más de 1600 lugares donde la malaria es epidémica.

9. Sandra cuenta que...
- ☐ a) ya no le queda mucho tiempo para licenciarse en Medicina.
- ☐ b) trabaja de camarera para ayudar a sus padres.
- ☐ c) tiene un empleo para poder pagar sus gastos.

10. Sandra nos dice que...
- ☐ a) extraña mucho las reuniones familiares en casa de sus papás.
- ☐ b) su familia está muy unida a su ciudad natal.
- ☐ c) se acuerda de la comida que prepara su abuela.

11. Y explica que...
- ☐ a) quiere mudarse a una residencia universitaria.
- ☐ b) vive con una amiga que conoció en la universidad.
- ☐ c) comparte un apartamento con una muchacha de Bogotá.

12. Dice que...
- ☐ a) hoy va a ir a bailar con su novio.
- ☐ b) ve a su novio solo los fines de semana.
- ☐ c) tiene un novio que es médico.

Tarea 3 **Instrucciones**

28

Usted va a escuchar en un programa radiofónico seis noticias sobre avances científicos y cuidados de la salud. Escuchará la audición dos veces. Después, debe contestar a las preguntas (13-18). Seleccione la opción correcta (a / b / c).

Ahora tiene 30 segundos para leer las preguntas.

PREGUNTAS

Noticia 1

13. Esta noticia informa de que la serelaxina es una...

- ☐ a) hormona que mejora el corazón del feto.
- ☐ b) droga sintética que quita estrés a las embarazadas.
- ☐ c) medicina que mejora a los enfermos de corazón.

Noticia 2

14. Según la noticia, *Predimed* es...

- ☐ a) un modelo detallado de dieta mediterránea.
- ☐ b) un estudio acerca de la dieta mediterránea.
- ☐ c) una pauta para la nutrición mediterránea.

Noticia 3

15. Según la noticia, se ha diseñado...

- ☐ a) un programa de ordenador para seguir el desarrollo de las operaciones.
- ☐ b) una anestesia nueva para intervenciones de larga duración.
- ☐ c) un *software* que permite controlar a los médicos cirujanos.

Noticia 4

16. La noticia dice que la leche materna...

- ☐ a) hay que equilibrarla con otros alimentos infantiles.
- ☐ b) favorece también la salud de la madre.
- ☐ c) evita algunos cánceres en recién nacidos.

Noticia 5

17. La noticia dice que científicos de la Universidad de Cambrige...

- ☐ a) han diseñado un nuevo medicamento que pronto será comercializado.
- ☐ b) han estudiado el bexarofeno para el tratamiento del cáncer.
- ☐ c) han descubierto que un medicamento existente puede prevenir el Alzheimer.

Noticia 6

18. Según la noticia...

- ☐ a) Grieve puede apreciar los colores de los cuadros gracias a unas nuevas gafas.
- ☐ b) EnChroma han creado unas gafas para distinguir los colores con exactitud.
- ☐ c) Las nuevas gafas solo se venden en Oakland por el precio exclusivo de 349 $.

Tarea 4 Instrucciones

29

Usted va a escuchar a seis personas que hablan de cómo llegaron a dedicarse a la ciencia. Escuchará a cada persona dos veces.
Seleccione el enunciado (A-J) que corresponde al tema del que habla cada persona 19-24). Hay diez enunciados incluido el ejemplo. Selecciones seis.

Ahora escuche el ejemplo.

Persona 0
La opción correcta es el enunciado C.

Ahora tiene 20 segundos para leer los enunciados.

ENUNCIADOS

A. Se considera una verdadera científica.
B. Le interesan las enfermedades raras.
C. Desde pequeña era muy curiosa.
D. Tenía talento natural para la ciencia.
E. Siguió la tradición familiar y trabaja en la farmacia de su madre.
F. Ser investigadora científica no fue su opción inicial.
G. Intenta encontrar un remedio para el insomnio.
H. Busca curar una enfermedad que está en su familia.
I. Investiga el desarrollo de los huesos en la infancia.
J. Se dedica a la enseñanza de la ciencia en la universidad.

OPCIONES

	PERSONA	ENUNCIADO
0.	Persona 0	**C**
19.	Persona 1	
20.	Persona 2	
21.	Persona 3	
22.	Persona 4	
23.	Persona 5	
24.	Persona 6	

Tarea 5

Instrucciones

30

Usted va a escuchar una conversación entre dos personas, Arturo y Beatriz. Indique si los enunciados (25-30) se refieren a Arturo (A), a Beatriz (B) o a ninguno de los dos (C). Escuchará la conversación dos veces.

Ahora tiene 25 segundos para leer los enunciados.

	A. Arturo	**B. Beatriz**	**C. Ninguno de los dos**
0. No fue a la cita con el doctor.	**X**		
25. Cree que debe visitar al doctor.			
26. Advierte sobre los peligros del sobrepeso.			
27. Sabe que debe dejar de fumar.			
28. Ha tenido un infarto.			
29. Debería cambiar sus hábitos de vida.			
30. Sabe comer sano fuera de casa.			

PRUEBA 3 EXPRESIÓN E INTERACCIÓN ESCRITAS

Esta prueba contiene dos tareas.
Duración de la prueba: **60 minutos**

Tarea 1 Instrucciones

Lea el siguiente texto publicado en Facebook.

f

Hasta hace poco, el consumo de leche en estado natural se defendía como tradicional y saludable, pero la situación ha cambiado. En la actualidad, es muy difícil consumir leche en estado natural y los productos lácteos que ofrece el mercado han sido sometidos a diversos procesos de conservación y transformación. La leche que podemos adquirir casi nada tiene que ver con el producto natural y sus supuestos beneficios.
Muchos alimentos son más ricos en calcio que la mayoría de los productos lácteos y ponen en duda el papel de los mismos como principal fuente de ese mineral. Se encuentra calcio en los vegetales, algas, frutos oleaginosos, etc., que nuestro organismo recibe y asimila bien. En cambio, el calcio de los productos lácteos, debido a la caseína y la relación calcio / fósforo, no se asimila de la misma forma. Se ha demostrado que la caseína de la leche disminuye la asimilación del calcio. La relación calcio / fósforo de la leche de vaca y su contenido elevado en fósforo, hace más ácido al PH sanguíneo, obligando al organismo a extraer al calcio de sus reservas naturales óseas, después de haber utilizado el calcio proveniente de la alimentación.

Escriba una respuesta a la página de Facebook en la que se ha publicado este texto. En ella deberá:

- exponer su interés por el asunto;
- explicar por qué está de acuerdo o en desacuerdo;
- poner algún ejemplo;
- concluir el texto.

El texto tendrá una extensión de **entre 100 y 120 palabras**.

Tarea 2 **Instrucciones**

Elija una de las dos opciones que se le ofrecen a continuación.

OPCIÓN 1

Lea el siguiente anuncio publicado en un programa de TV sobre salud:

> Participe en nuestro programa *Empiece la mañana con vida sana*. Envíenos su truco para empezar la mañana de manera sana y así conseguir una mejor calidad de vida. El consejo ganador recibirá como premio una semana en un balneario.

Redacte un texto que incluya:

- quién es usted;
- sus características: sexo, edad, profesión, tipo de vida, lugar en el que vive;
- descripción de su truco de vida sana: alimentación, ejercicio, horas de sueño, etc.;
- los resultados de esta práctica saludable en su vida o en la de las personas que la han adoptado.

El texto debe tener una extensión de **entre 130 y 150 palabras**.

OPCIÓN 2

Lea el siguiente anuncio publicado por el Centro de investigación y mejora de la salud.

> Buscamos personas de ambos sexos con edades comprendidas entre los 30 y los 50 años para llevar a cabo una investigación acerca del impacto de la alimentación en la salud del cerebro. Abstenerse vegetarianos o veganos. Envíen un breve *curriculum vitae* en el que incluyan sus hábitos alimenticios y sus rutinas para tomar alimentos.

Redacte un texto que incluya:

- sus datos personales que lo/la hacen idóneo para la investigación;
- una descripción de los alimentos que toma y los horarios (o partes del día) en los que come;
- alguna explicación de por qué le gustaría participar en el experimento.

El texto debe tener una extensión de **entre 130 y 150 palabras**.

PRUEBA 4 EXPRESIÓN E INTERACCIÓN ORALES

Esta prueba contiene cuatro tareas.

Tarea 1 Realizar una presentación breve. (2-3 minutos)
Usted deberá hablar sobre un tema durante dos o tres minutos.

Tarea 2 Participar en una conversación. (3-4 minutos)
Usted debe dialogar con el entrevistador sobre el tema de la Tarea 1 durante tres o cuatro minutos.

Tarea 3 Describir una fotografía y participar en una conversación. (2-3 minutos)
Usted debe describir una fotografía durante uno o dos minutos. Después, el entrevistador le hará algunas preguntas a partir del tema de la fotografía.

Tarea 4 Diálogo en situación simulada. (2-3 minutos)
Usted debe dialogar con el entrevistador en una situación simulada durante dos o tres minutos.

Tiene 15 minutos para preparar las Tareas 1 y 2. Usted puede tomar notas y escribir un esquema de su exposición que podrá consultar durante el examen; en ningún caso podrá limitarse a leer el esquema.

Tarea 1

Instrucciones

A continuación, tiene un tema y unas indicaciones para preparar una exposición oral. Tendrá que hablar **durante 2 o 3 minutos**. El entrevistador no interviene en esta parte del examen.

TEMA:

Hable de **cómo es el sistema de salud en su país, si hay hábitos de vida saludable y si la gente se preocupa por tener una vida sana**.

Incluya información sobre:

- qué país es;
- algunos datos sobre cuidados para la salud, prohibición de fumar o no en público, cuidado de la naturaleza y el medioambiente, etc.;
- si hay cambios en la manera de enfocar el cuidado de la salud y la vida saludable;
- la situación de su país en relación con la de algún país hispanohablante si tiene datos para hacerlo.

Es importante:

- diferenciar las partes de su exposición: introducción, desarrollo y conclusión final;
- ordenar y relacionar bien las ideas;
- justificar sus opiniones y sentimientos.

Tarea 2

Instrucciones

Cuando haya terminado su exposición, usted deberá mantener una conversación con el examinador sobre el tema de la Tarea 1 **durante 3 o 4 minutos**.

EJEMPLOS DE PREGUNTAS DEL ENTREVISTADOR:

- *¿Su profesión (o su trabajo) le permite llevar una vida sana? ¿Qué cree que debe hacer para tener costumbres más sanas?*
- *¿Qué costumbres cree que se tienen que cambiar o mejorar en su país para mejorar la salud de la población?*
- *¿Puede poner algún ejemplo de costumbres saludables o de una alimentación saludable?*
- *¿Cree que se deben crear hábitos saludables desde la infancia? ¿Piensa que en el colegio se debería enseñar a los niños a alimentarse correctamente? ¿Y a acuidar de su cuerpo y su salud?*
- *¿Qué consejos daría a alguien para tener una vida sana?*

Tarea 3 **Instrucciones**

Observe la siguiente imagen:

Describa con detalle lo que ve en la foto y lo que imagina que está ocurriendo.
Estos son algunos aspectos que puede comentar:

- Las personas: dónde están, cómo son, qué hacen.
- El lugar en el que se encuentran: cómo es.
- Los objetos: qué objetos hay (si no sabe los nombres exactos, no importa: describa lo que se hace con ellos), dónde están, cómo son.
- ¿Qué relación cree que existe entre las personas y las máquinas?

Posteriormente, el entrevistador le hará algunas preguntas.

EJEMPLOS DE PREGUNTAS DEL ENTREVISTADOR:

- *¿Ha estado usted en algún lugar parecido al de la imagen? / ¿Conoce usted algún lugar parecido al de la imagen?*
- *¿Cómo es? ¿Cuántas personas trabajan en él? ¿Qué tipo de trabajo hacen?*
- *¿Le interesa el desarrollo de la ciencia en general?*
- *¿Por qué? / ¿Por qué no?*
- *¿Qué le parece usar animales para investigaciones científicas?*
- *¿Cree que los robots pueden reemplazar a las personas en el futuro?*

Tarea 4 **Instrucciones**

Usted debe dialogar con el entrevistador en una situación simulada **durante 2 o 3 minutos**.

EJEMPLO DE SITUACIÓN:

Usted acude como invitado a un programa de radio en el que se va a debatir sobre los desarrollos científicos que pueden mejorar la vida de las personas.
Imagine que el entrevistador es el coordinador del debate. Hable con él siguiendo estas indicaciones.

Durante la conversación con el entrevistador usted debe:

- dar su opinión sobre si el desarrollo científico es siempre positivo para la vida de las personas;
- poner algún ejemplo para sostener su opinión.

EJEMPLOS DE PREGUNTAS DEL ENTREVISTADOR:

- *Hola, buenos días. ¿Cuál es su nombre?*
- *¿Puede hablarnos de algún avance de la ciencia que haya mejorado su vida o la de las personas de su país?*
- *¿Cree que la ciencia siempre sirve para mejorar la vida de los seres humanos?*
- *¿Qué avance científico piensa que ha sido el más importante hasta ahora para la humanidad?*
- *¿Qué cree que debería estudiar más la ciencia para mejorar la vida de las personas?*
- *¿Quiere añadir algún cometario más?*

PRUEBA 1 COMPRENSIÓN DE LECTURA

Tarea 1

1. E

[...] *cuanto más azúcar consuma*, más ácido se creará en la boca.

(Tomar dulces no es bueno para la salud de la boca).

2. C

¿Su trabajo le obliga a *permanecer quieto o sentado* largos periodos de tiempo? *¿Siente las piernas pesadas* a pesar de caminar o hacer ejercicio?

3. I

¿Está *esperando un hijo*?

(Beatriz encontrará buenas pautas para cuidar su alimentación: algo que le preocupa mucho en su estado).

4. A

Si tiene un trabajo en el que *pasa mucho tiempo de pie*...

(Patricio pasa mucho tiempo de pie y no hace ejercicio, apenas camina).

5. J

Está demostrado que *para las personas mayores la actividad física* reduce el riesgo de padecer depresión, retrasa el envejecimiento funcional y minimiza el peligro de sufrir ciertas enfermedades.

(Ximena se sentirá bien en la nueva etapa de su vida si en su tiempo libre realiza actividad física).

6. H

¿Sabía usted que el *jengibre es muy eficaz* para combatir el *resfriado* y otros síntomas concretos como son la *tos* y el *dolor de garganta*?

(Este consejo va a beneficiar mucho a Gonzalo).

Tarea 2

7. A

Cuando Ochoa tenía siete años, falleció su padre y *entonces su madre y él se fueron a vivir a Málaga*...

8. B

Ochoa *optó por la carrera de Medicina* y, una vez *terminada su licenciatura en el verano de 1928*...

9. C

En 1930, Ochoa regresa a Madrid a *terminar su tesis doctoral*, que defiende ese mismo año. *En 1931 se casó* con Carmen García Cobián...

10. C

En 1967 fue nombrado *doctor* honoris causa *por la Universidad de Oviedo* (España).

11. A

Publicó su último trabajo científico en 1986, *con 81 años*.

12. B

[...] y *fue enterrado* en el cementerio [...] *junto a su esposa* Carmen.

Tarea 3

13. C

[...] mis *hábitos* para alimentarme son *muy tradicionales*, como lo que se ha tomado siempre en mi casa...

14. A

[...] comí algo que me hizo mucho daño y *estuve a punto de morir por la intoxicación*...

15. A

[...] empecé a *leer artículos científicos* sobre los alimentos y las bacterias que los atacan.

16. B

[...] *llevo dos meses tomando un batido de verduras con un sabor horrible*, pero que he notado que ha mejorado mi estómago.

17. C

[...] tesis enfocada en el *efecto de ciertos minerales en la alimentación*...

18. B

Es increíble *las dietas* que experimenta la gente con problemas de peso [...] A veces son tan increíbles que *he llegado a hacerlas yo mismo* para comprobar sus efectos.

Tarea 4

19. H
20. D
21. F
22. B
23. A
24. G

Tarea 5

25. b

Solo es posible el participio *demostrado* para formar el pretérito perfecto.

26. a

La preposición *en* indica el lugar (la revista) en la que se publicó el estudio.

27. b

El adjetivo correcto es *sanos*, que indica que esos voluntarios gozan de buena salud. *Salvados* viene del verbo salvar. Y saludados de *saludar*.

28. c

Durante, partícula que indica simultaneidad. En este contexto, es equivalente a «a lo largo de...».

29. a

Humor es la única selección válida: tanto por su gramática (tiene el género masculino) como por su alcance semántico.

30. c

La respuesta correcta es *algo*. *Alguno* debe aludir a un referente del género masculino singular (y no es el caso) y *alguien* solo puede referirse a personas.

PRUEBA 2 COMPRENSIÓN AUDITIVA

Tarea 1

1. C

En Hypnos, *clínica especializada en el tratamiento de trastornos del sueño*, encontrará respuestas para su problema en particular.

2. B

[...] ha diseñado una *nueva miniimpresora que se puede conectar al teléfono móvil* y trasladas las imágenes digitales a papel fotográfico.

3. C

Una manera para eliminarlos es utilizar *aspiradoras* especialmente diseñadas *con filtros específicos contra los ácaros*...

4. A

La intervención puede realizarse *en apenas 20 minutos para los dos ojos*.

5. B

Esta máquina *se ha diseñado para que se pueda usar estando sentados*.

(La máquina no ayuda a caminar directamente: lo que hace es activar la circulación de las piernas, pero estando sentado).

6. A

Si todavía no conoce los *beneficios del aceite de oliva virgen*, le recordamos que hay estudios que demuestran que sirve para *reducir el colesterol malo*, que *ayuda a proteger los órganos relacionados con la digestión* y además *proporciona vitamina E*.

Tarea 2

7. B

Comencé a estudiar Biología en la universidad, pero después de dos cursos, *decidí cambiarme a Medicina*.

8. A

Se estima que *aproximadamente 25 millones de personas* se encuentran en riesgo de *enfermar o morir por esta causa*. (*Esta causa* es la malaria).

9. C

Además, *los fines de semana trabajo* de camarera. Tengo que *pagar el apartamento, comprar la comida y también necesito libros*...

10. C

[...] *Extraño mucho los platos tan ricos que cocina mi abuela*...

11. B

Mi mejor *amiga* es una muchacha que tampoco es de Bogotá. [...] *Nos conocimos en la residencia universitaria* y nos llevamos muy bien. Por eso *decidimos mudarnos juntas para compartir un apartamento*.

12. A

[...] cuando salga de la emisora: *encontrar a mi novio* y a unos amigos e ir todos juntos a comer algo *y luego a bailar*.

Tarea 3

13. C

La supervivencia de pacientes con *problemas de corazón* [...] El nuevo fármaco, llamado *serelaxina*, ensancha los vasos, aumenta el aporte de oxígeno y es antiinflamatorio.

14. B

Predimed (Prevención con Dieta Mediterránea) es una *investigación* española, publicada...

15. A

[...] se ha diseñado un tipo de *software que permitirá controlar por un ordenador si la operación va bien*.

16. B

Incluso la madre sale ganando, ya que hay estudios que prueban que *previene algunas enfermedades* como la osteoporosis y algunos tipos de cáncer.

17. C

[...] que *el medicamento* baxaroteno, *actualmente comercializado* para el tratamiento del cáncer, *puede también prevenir la aparición del Alzheimer*, deteniendo el «primer paso» de las reacciones en cadena...

18. A

[...] Grieve ha podido *apreciar el arte en sus colores originales gracias a unas gafas creadas por Oakland*...

Tarea 4

19. F

Yo, en realidad, estudié la carrera de Farmacia porque [...] mi familia tiene una farmacia [...] pero s*egún avanzaba en los estudios me interesaba más la investigación científica* [...] empecé a trabajar en un laboratorio...

(Ser investigadora científica no fue su opción inicial).

20. D

[...] las ciencias se me daban bien: *tenía muy buenas notas en biología, en física y en química*...

21. H

Mi madre, [...] *padece terribles migrañas* y también *las padecía mi abuela y* también *las padecen mis hermanas* [...] *Esa es una de las razones por las que estudié Medicina y me dedico a la investigación*.

22. B

No me dedico a buscar una cura para mi insomnio, sino que *trabajo para encontrar el origen y la cura de algunas enfermedades raras*.

23. J

Ahora *soy profesora en la universidad* y dirijo un proyecto de investigación sobre minerales y alimentos.

24. A

Por lo tanto, aunque yo no publique artículos en revistas internacionales *considero que estoy haciendo ciencia*.

Tarea 5

25. A

Sabes *que sí*.

(Arturo sí quiere visitar al doctor).

26. B

[...] estaba escuchando la radio [...] y un dietista *hablaba sobre los peligros del sobrepeso*...

(Beatriz le cuenta a su amigo lo que oyó por la radio para advertirle de los peligros del sobrepeso).

27. A

Ya sé que [...] *y olvidarme del tabaco*.

28. C

Mira lo que le ha pasado a *Martín. Ha sufrido un infarto*...

29. A

[...] ha cambiado sus hábitos de vida [...] Y *eso deberías hacer tú* también...

(Beatriz le dice a Arturo que Martín ha cambiado sus hábitos y que Arturo también debería cambiarlos).

30. B

[...] me llevo la comida de casa o *intento ir a restaurantes donde tienen un menú con cosas sanas*...

CLAVES DE RESPUESTA

PRUEBA 1 COMPRENSIÓN DE LECTURA

TAREA 1	1E	2C	3I	4A	5J	6H
TAREA 2	7a	8b	9c	10c	11a	12b
TAREA 3	13C	14A	15A	16B	17C	18B
TAREA 4	19H	20D	21F	22B	23A	24G
TAREA 5	25a	26b	27a	28c	29a	30c

PRUEBA 2 COMPRENSIÓN AUDITIVA

TAREA 1	1c	2b	3c	4a	5b	6a
TAREA 2	7b	8a	9c	10c	11b	12a
TAREA 3	13c	14b	15a	16b	17c	18a
TAREA 4	19F	20D	21H	22B	23J	24A
TAREA 5	25A	26B	27A	28C	29A	30B

Transcripciones

PISTA 1

Tarea 1

Instrucciones

Usted va a escuchar seis anuncios. Escuchará cada anuncio dos veces. Después, debe contestar a las preguntas (1-6). Seleccione la opción correcta (a / b / c).

Ahora tiene 30 segundos para leer las preguntas.

Anuncio 1

HOMBRE: Somos una agencia de servicio doméstico que opera a nivel nacional. Contamos con una gran selección de chicas y chicos para la limpieza y el cuidado de la casa, tanto en domicilios particulares, como en empresas o colegios. Tenemos las mejores tarifas del mercado y todo nuestro personal está bien entrenado, es de la máxima confianza y puede presentar referencias. Para más información sobre disponibilidad de personal y salarios, visiten nuestra web: asuservicio.com.

(Se repite el audio)

Anuncio 2

MUJER: Se buscan mujeres mayores de 75 años, delgadas, de estatura mediana y que estén dispuestas a participar en una sesión de fotografía de entre tres y cinco horas de duración. Enviar foto reciente y un número de teléfono de contacto a Publimundi. Apartado de correos 7799. Las personas seleccionadas deberán presentarse el día 15 de mayo a las 13:00h en la dirección que les facilitará nuestro personal de recursos humanos.

(Se repite el audio)

Anuncio 3

HOMBRE: Si eres joven, sabes idiomas y tienes disponibilidad para viajar, te interesará nuestra oferta. Necesitamos seis personas dinámicas para trabajar en verano en nuestra agencia de viajes. Nuestros requisitos incluyen saber español, inglés y portugués, disponer de pasaporte válido para viajar por Europa y Latinoamérica, saber tratar con el público y tener iniciativa para solucionar situaciones imprevistas. Para concertar entrevista, obtener información de fechas, condiciones laborales y salario, escríbenos al correo electrónico: agenciamundo@viajes.com

(Se repite el audio)

Anuncio 4

MUJER: Para trabajar en un aeropuerto español, buscamos a un experto en mantenimiento de redes y comunicaciones. Se valorará que tenga un título de técnico de grado medio y conocimientos de inglés. Es necesario que cuente con al menos dos años de experiencia en servicios de mantenimiento de redes similares. Los interesados deben enviar su *curriculum vitae* al correo: info@aeropuertos.es. En el asunto se especificará: soporte técnico. Pueden consultar las condiciones de trabajo y la remuneración salarial en www.aeropuesrtos.es/redesaeroporuarias.

(Se repite el audio)

Anuncio 5

HOMBRE: ¿Sabes idiomas? Si es así, podrás ganar dinero extra sin moverte de casa. Nuestra empresa, líder en la publicación de cómics y de novela gráfica, necesita traductores al español preferentemente de inglés, francés, italiano y japonés. Pagamos a la entrega de la traducción y nuestras tarifas dependen de la extensión del original y de la lengua. Los interesados se pueden poner en contacto con nosotros en: todocomic@traductores.com

(Se repite el audio)

Anuncio 6

MUJER: Buscamos chicos y chicas de entre 20 y 24 años y con buena presencia para trabajar realizando promociones nocturnas de bebidas de primeras marcas en locales de moda de la ciudad. El horario de trabajo es de cuatro horas, empezando a las 22:00h y finalizando a las 2:00. El salario por promoción realizada es de 55 euros netos. Las personas interesadas deben enviar *curriculum vitae* y una foto reciente de cuerpo entero por correo electrónico a la dirección: promoactiva@mail.com indicando en el asunto «promoción nocturna».

(Se repite el audio)

PISTA 2

Tarea 2

Instrucciones

Usted va a escuchar un fragmento del programa «¿Profesiones con o sin futuro?», en el que Daniela cuenta su vida. Escuchará la audición dos veces. Después, debe contestar a las preguntas (7-12). Seleccione la opción correcta (a / b / c).

Ahora tiene 30 segundos para leer las preguntas.

MUJER: Hola, soy Daniela. Buenas tardes a todos. Y gracias al programa por invitarme. Agradezco mucho que exista un programa como este que dedica tiempo todas las semanas a hablar de profesiones y sus posibilidades para encontrar trabajo. Es un asunto muy importante para todas las personas: no solo para los jóvenes, como es mi caso, sino también para la gente de más edad, que también tienen problemas para encontrar un empleo.

Yo soy profesora de inglés en un colegio privado. Estudié Filología Española en Salamanca y ahora estoy matriculada en un máster de Enseñanza de Español como Segunda Lengua. Quizá parece un poco raro que, después de estudiar Filología Española, dé clase de inglés, pero es que hablo inglés perfectamente. De pequeña viví en Estados Unidos porque mi padre y mi madre eran profesores de español en ese país. Fui al colegio en Estados Unidos desde los tres años hasta que me gradué en la escuela secundaria. Después, decidí venir a España para concentrarme en el español, al fin y al cabo, es mi lengua materna y la hablo correctamente, pero toda mi educación formal se había desarrollado en inglés. Elegí la Universidad de Salamanca porque es una institución con mucha tradición y también porque prefería vivir en una ciudad que no fuera muy grande.

En realidad, nunca había pensado ser profesora, aunque de pequeña me encantaba jugar a los colegios y yo siempre era la maestra, mientras que mis hermanos pequeños –tengo tres– eran mis alumnos.

Pero, aunque yo veía que mis padres pasaban mucho tiempo preparando sus clases, corrigiendo trabajos o escribiendo artículos, su ejemplo me convenció de que la enseñanza era una buena opción para mí.

Me temo que no me he enfocado mucho en el asunto de si encontrar trabajo ha sido difícil o sencillo para mí y si con mi formación y mis estudios me ha resultado complicado obtener un empleo. Perdón: voy al grano.

A mí me ha ayudado mucho saber idiomas: el hecho de saber inglés y español perfectamente me ha facilitado poder dar clases de inglés en España y también en ocasiones trabajar de traductora o de intérprete. En el futuro espero conseguir una beca para hacer un doctorado en Estudios Hispánicos en una universidad norteamericana y al terminar mi tesis, ser profesora de español en alguna buena universidad allí. Entonces, creo que, por mis circunstancias, no he tenido hasta ahora dificultades para trabajar.

Me gustaría quedarme en España para hacer aquí el doctorado, pero no hay tantas oportunidades de becas y ayudas como en Estados Unidos o, por lo menos, yo no las he encontrado. Y además mis padres todavía siguen en América. A ellos también les gustaría volver a España como profesores, pero solo han podido hacerlo cuando han disfrutado de un año sabático.

Mis amigos me dicen que es difícil para los jóvenes encontrar un buen empleo, aunque tengan una buena formación, pero yo creo que también es muy difícil para las personas mayores, bueno de 40 o 50 años que pierden su empleo y tienen que encontrar otro.

HOMBRE: Bueno Daniela, muchas gracias por tu testimonio y por contarnos tu experiencia, pero ahora tenemos que dar paso a otra persona...

(Se repite el audio)

PISTA 3

Tarea 3

Instrucciones

Usted va a escuchar en un programa radiofónico seis noticias sobre profesiones y vida laboral. Escuchará la audición dos veces. Después, debe contestar a las preguntas (13-18). Seleccione la opción correcta (a / b / c).

Ahora tiene 30 segundos para leer las preguntas.

MUJER: En el futuro cercano, para conseguir un empleo, no importará la profesión que se elija, ni los estudios realizados, pero será necesario poseer ciertas competencias. Entre ellas destacan el dominio de idiomas, los conocimientos de informática y tecnología, así como la capacidad para coordinar y gestionar.

(Cortinilla)

Cajeros de bancos o supermercados, conductores de cintas transportadoras, carteros o personal de oficinas de correos, agentes de viajes, agricultores... son algunas de las profesiones que corren más peligro. Pero, aunque la automatización destruya algunos de los puestos de trabajo que conocemos en la actualidad, se crearán otros para los trabajadores del futuro.

(Cortinilla)

La Unión Europea es la región con menor número de emprendedores. Y España, junto al resto de países mediterráneos, cuenta con la proporción más baja: el 8 %, frente al 25 % de Estados Unidos. Las razones de este bajo nivel de emprendimiento se deben al miedo al fracaso, a las escasas oportunidades percibidas por la población y a la falta de preparación.

(Cortinilla)

Desde la revolución industrial hasta nuestros días, las máquinas han ido desplazando al hombre en el desempeño de ciertas funciones.

Actualmente, con los avances tecnológicos, los robots con inteligencia artificial son una realidad. Estas máquinas no solo desplazarán a los humanos en ciertas actividades, sino que incluso harán actividades que el hombre es incapaz de realizar. Serán tan habituales los robots que se necesitará gente capaz de diseñarlos, repararlos, programarlos, darles mantenimiento, etcétera.

(Cortinilla)

Una profesión con futuro parece ser la de médico cirujano, especializado en cirugía de trasplantes. La robótica y la biotecnología serán capaces de crear nuevos órganos para el hombre, de manera que se necesitarán personas profesionales encargadas de efectuar estos trasplantes. También serán prometedoras las profesiones relacionadas con los cuidados a distancia para la tercera edad y la infancia, como la teleasistencia sanitaria.

(Cortinilla)

Psicólogos. Estos profesionales actualmente están cada vez más solicitados por las empresas de cualquier ámbito. Según los pronósticos, esta profesión se verá reforzada en el futuro, ya que cada vez más empresas tienden a reservar un puesto de trabajo a estos profesionales. Analizar la mente de los aspirantes y de los empleados activos es de alta importancia. Los proyectos bajo presión aumentan y es importante controlar el estrés, los miedos al cambio, etcétera.

(Se repite el audio)

PISTA 4

Tarea 4

Instrucciones

Usted va a escuchar a seis personas que hablan de su trabajo o de su profesión. Escuchará a cada persona dos veces. Seleccione el enunciado (A-J) que corresponde al asunto del que habla cada persona (19-24). Hay diez enunciados incluido el ejemplo. Seleccione seis.

Ahora escuche el ejemplo.

Persona 0

HOMBRE: Trabajo en una empresa farmacéutica, en una oficina: me ocupo de la redacción de los prospectos que se incluyen en las cajas de las medicinas. No es un trabajo apasionante, pero me permite vivir. Cuando salgo de mi trabajo me dedico a escribir. He empezado una novela y ya llevo 300 páginas.

La opción correcta es el enunciado H.

Ahora tiene 20 segundos para leer los enunciados

Persona 1

MUJER: Trabajo en una compañía aérea, pilotando un avión de pasajeros. Me encanta mi profesión, es la que quería desde niña. Siempre jugaba con aviones, helicópteros o cualquier juguete que pudiera volar. Además, mi trabajo me da la oportunidad de conocer mundo.

(Se repite el audio)

Persona 2

HOMBRE: Yo soy arquitecto. Monté mi propio estudio con cuatro compañeros y durante unos años nos fue muy bien. Teníamos buenos proyectos y mucho trabajo. Pero llegó la crisis de la construcción y aunque intentamos resistir tuvimos que cerrar el estudio. Por suerte, mi mujer tiene un empleo fijo con un buen sueldo y no vivimos mal.

(Se repite el audio)

Persona 3

HOMBRE: Cuando tuve que elegir una carrera, me incliné por ingeniero industrial porque era una especie de tradición en mi familia: mi padre y mi abuelo lo fueron. Pero, la verdad, es que yo no servía para eso y lo dejé. Entonces empecé a estudiar Electricidad. Ahora tengo mi propia empresa, en la que también trabajan mi esposa y dos de sus hermanos y nos va muy bien.

(Se repite el audio)

Persona 4

MUJER: Actualmente tengo una profesión y un trabajo que me encanta, pero no siempre fue así. Me casé muy joven y tuve a mis hijos –unos gemelos– con 22 años. Cuando empezaron a ir al colegio con tres años, decidí que yo también quería volver a estudiar. Me matriculé en la universidad, estudié mucho y terminé la carrera de Filosofía y Letras en cinco años. Después me preparé para una oposición de bibliotecaria y ahora soy feliz entre mis libros.

(Se repite el audio)

Persona 5

HOMBRE: De pequeño quería ser piloto, pero cuando llegó el momento de empezar a formarme, me di cuenta de que eso no era para mí: me asustaba la responsabilidad de tener un avión en mis manos. Pero, como me encantan los aviones, decidí hacerme auxiliar de vuelo. Estoy muy contento con mi trabajo, ayudando a los pasajeros a sentirse cómodos durante el vuelo, aunque a veces algunos son insoportables.

(Se repite el audio)

Persona 6

MUJER: Cuando era pequeña quería ser enfermera y curaba a todas mis muñecas a las que previamente había roto una pierna, un brazo o incluso la cabeza. Hasta tenía un traje de enfermera que me ponía en cuanto volvía del colegio. Pero cuando llegó el momento de ir a la escuela de enfermería, no lo hice y me matriculé en Medicina. Ahora soy traumatóloga e intento curar brazos y piernas rotos. Lo de las cabezas es más difícil.

(Se repite el audio)

PISTA 5

Tarea 5

Instrucciones

Usted va a escuchar una conversación entre dos personas, Adrián y Blanca. Indique si los enunciados (25-30) se refieren a Adrián (A), a Blanca (B) o a ninguno de los dos (C). Escuchará la conversación dos veces.

Ahora tiene 25 segundos para leer los enunciados.

BLANCA: Hola Adrián, ¿qué tal te va?, ¿ya has encontrado trabajo?

ADRIÁN: Pues, he hecho algunas entrevistas, pero no me han contestado de ninguna.

BLANCA: ¿Y estás animado? ¿Crees que tendrás alguna respuesta positiva?

ADRIÁN: Pues de dos de las entrevistas salí muy contento. Creo que mi perfil era perfecto para el puesto y además creo que contesté muy bien a todas las preguntas.

BLANCA: ¡Qué bien! Yo también estoy haciendo entrevistas porque, aunque tengo un trabajo, no me gusta nada y además me pagan muy mal. Creo que puedo encontrar algo mejor con mi formación.

ADRIÁN: Pues sí. Mira a Diana, se va a despedir de su trabajo porque le han ofrecido un puesto en el que le pagan casi el doble.

BLANCA: ¿Y cómo ha conseguido eso? A mí me encantaría poder irme de mi trabajo también, pero hasta que no consiga otro, no puedo hacerlo. Necesito mi sueldo, aunque sea bajo, porque tengo que vivir.

ADRIÁN: Ya. Yo tengo la suerte de que mi abuela, que es una mujer rica, me ayuda a pagar el alquiler.

BLANCA: Pues sí que es una suerte.

ADRIÁN: Sí, pero ahora ella se quiere cambiar de casa y va a tener muchos gastos, o sea que no sé si va a poder seguir ayudándome.

(Se repite el audio)

PISTA 6

Tarea 1

Instrucciones

Usted va a escuchar seis anuncios. Escuchará cada anuncio dos veces. Después, debe contestar a las preguntas (1-6). Seleccione la opción correcta (a/ b / c)

Ahora tiene 30 segundos para leer las preguntas.

Anuncio 1

MUJER: Semana de festejos en nuestra ciudad. La semana empezará con un concierto de música sacra el lunes por la noche en la catedral. Recitales de poesía, conferencias y mesas redondas a lo largo de la semana. Y el sábado y el domingo conciertos y bailes populares en las calles y plazas del centro. Diversión para todos.

(Se repite el audio)

Anuncio 2

HOMBRE: Por fin podremos escuchar la voz de Kike Gálvez y sus coros en vivo. Será el 8 de septiembre en el Palacio de Deportes. El singular intérprete incluirá adaptaciones de temas clásicos como el Concierto de Aranjuez, acompañado por músicos de la Orquesta Nacional y también presentará composiciones inspiradas en temas del folclore popular.

(Se repite el audio)

Anuncio 3

MUJER: ¿Quiere pasarlo bien y no gastar dinero? Ahora las familias con tres hijos o más, menores de diez años, pueden disfrutar de un fin de semana gratis de todas las instalaciones del Parque Sensaciones. Solo tienen que registrarse entre los días 3 y 10 de este mes en la página web del parque www.sensaciones.com e incluir la fecha del fin de semana en que quieren visitarnos. El día 25 de abril se celebrará el sorteo ante notario para elegir a las diez familias ganadoras.

(Se repite el audio)

Anuncio 4

HOMBRE: Para celebrar nuestro décimo aniversario como marca de referencia en equipamiento deportivo, durante diez días podrá adquirir más de cien productos de nuestra tienda, desde zapatillas de deporte, raquetas de tenis, camisetas, balones de reglamento, y muchas cosas más con un veinte por ciento de descuento sobre el precio original. Y si compra más de tres productos, en ESPORT MONTAÑÉS le regalaremos una invitación para dos personas para cualquiera de nuestros gimnasios.

(Se repite el audio)

Anuncio 5

MUJER: Del 30 de abril al 17 de mayo, en el Paseo de Recoletos de Madrid, como todos los años se celebra la Feria del Libro Antiguo y de Ocasión organizada por la Asociación de Libreros de Lance de Madrid. Horario ininterrumpido, de 11.00 a 21.00 horas.

39 librerías especializadas procedentes de toda España dispondrán sus casetas en el céntrico Paseo de Recoletos, donde los visitantes podrán encontrar una amplísima oferta de libros.

(Se repite el audio)

Anuncio 6

HOMBRE: De dos en dos. Queremos que disfrutes en compañía. Por eso en De dos en dos, si vienes acompañado, todas las noches a partir de las 20:30 y de domingo a jueves, tu acompañante podrá tomar lo mismo que tú completamente gratis. Nuestra oferta incluye todos los platos de nuestra carta, también los postres, refrescos, té, café e infusiones. Solo quedan fuera de la promoción la cerveza, el vino y cualquier otra bebida alcohólica.

(Se repite el audio)

PISTA 7

Tarea 2

Instrucciones

Usted va a escuchar un fragmento del programa «Hábitos de ocio de los españoles». Escuchará la audición dos veces. Después, debe contestar a las preguntas (7-12). Seleccione la opción correcta (a / b / c).

Ahora tiene 30 segundos para leer las preguntas.

HOMBRE: Si el ser humano es –por naturaleza– un ser social, los españoles lo son más. El buen tiempo, las horas de sol y las ganas de relacionarnos con los demás determinan que en España se planifique el ocio siempre en compañía, implicando a la pareja, amigos o familiares. Y si puede ser a la mesa con comida, mejor.

Según un estudio titulado «Los hábitos de ocio de los españoles» realizado entre más de 6 000 personas, para el 85 % de los españoles salir a comer o cenar es la principal actividad de ocio y tiempo libre. Le siguen de cerca ir al cine (casi 7 de cada 10), hacer actividades al aire libre (6 de cada 10) y asistir a una obra de teatro (la mitad de los encuestados). En menor medida, también gusta ir de compras (el 44 %), asistir a conciertos (el 43 %) o hacer deporte (el 39 %).

Sin embargo, estas preferencias evolucionan a medida que se cumplen años. Así, tres de cada cuatro jóvenes de menos de 25 años reconoce incluir el cine entre sus actividades de ocio más frecuentes, en contraste, sobre todo, con practicar deporte, ir al teatro o un concierto, opciones realizadas habitualmente por dos de cada cinco mileuristas.

Por el contrario, los mayores de 65 años muestran un ocio más tranquilo, ir al teatro es un plan habitual para el 60 %.

Los españoles no salen más a comer porque les resulta caro. Si bien es una de sus actividades favoritas, los menores de 25 años van menos al cine de lo que les gustaría. Les frena el precio.

El precio es el factor decisivo que marca la agenda de ocio para tres de cada cinco españoles. De hecho, según el estudio, las salidas para comer o cenar, los espectáculos y el teatro no se hacen más porque son caras. Ir de compras o hacer deporte son las que menos les preocupan en términos de gasto.

Como es lógico, el colectivo con menor poder adquisitivo, los *millenials*, es el más crítico –un 75 % que indica que el precio les limita– destacando especialmente el cine, los espectáculos y la restauración como las actividades que no realizan por tener un precio elevado.

Por su parte, la mitad de los españoles manifiestan que la escasez de tiempo es lo que más les impide disfrutar del ocio. Otros condicionantes señalados por los encuestados son la falta de variedad –un 20 % que asciende a un tercio entre los mayores de 65 años–, y la responsabilidad con los hijos, señalado por un 7 %.

Pero... ¿con quién realizamos ese ocio? En la mayoría de los casos –4 de cada 5 españoles– con la pareja. Más de la mitad también señala a los amigos, y un tercio a los hijos, en contraste con el escaso 13 % que disfruta del ocio solo. Es revelador que los planes con niños se realicen prácticamente por igual entre ambos sexos.

Como era de prever, por tramo de edad, los jóvenes son los que más reparten su ocio entre la pareja y amigos, mientras que un 21 % de los mayores de 65 años lo disfruta solo.

El estudio también manifiesta que 3 de cada 4 personas focaliza el ocio durante el fin de semana, si bien el 13 % ni siquiera puede hacerlo el sábado o el domingo y tiene que esperar a las vacaciones.

(Se repite el audio)

Información extraída del estudio «Los hábitos de ocio de los españoles», realizado por LetsBonus

PISTA 8

Tarea 3

Instrucciones

Usted va a escuchar en un programa radiofónico seis noticias breves. Escuchará la audición dos veces. Después, debe contestar a las preguntas (13-18). Seleccione la respuesta correcta (a / b / c).

Ahora tiene 30 segundos para leer las preguntas.

HOMBRE: Una carrera muy popular

Como ya es tradicional, Madrid celebrará una nueva edición de la popular carrera San Silvestre Vallecana, que, como es habitual, tendrá lugar el próximo 31 de diciembre.

El lunes 23 de noviembre se ha abierto el plazo de inscripción, pero la organización ya ha colgado el cartel de dorsales agotados para los corredores masculinos. Todavía hay plazas disponibles para las corredoras femeninas, y para la carrera internacional. En esta última, es imprescindible acreditar una marca mínima.

(Cortinilla)

Premios de cine

En el marco de la 31ª edición del Festival de Guadalajara, el cine español ha anunciado sus candidaturas a los próximos Premios Platino del Cine Iberoamericano. *Nadie quiere la noche*, de Isabel Coixet, *Truman*, de Cesc Gay, y *La novia*, de Paula Ortiz, son los tres títulos seleccionados por nuestro país para competir por el Platino a la Mejor Película de Ficción. A ellas hay que sumar otras cinco producciones que, preseleccionadas por otros países, cuentan con participación española: *Magallanes*, *Nick*, *El clan*, *El apóstata* y *La memoria del agua*.

Información extraída de la revista Fotogramas.

(Cortinilla)

Diálogos

Javier Marías y Fernando Savater, moderados por Jacinto Antón –redactor del EL PAÍS y Premio Nacional de Periodismo–, dialogarán hoy martes a partir de las 19:30 sobre la relación entre literatura y filosofía en sus respectivas obras. Será el momento de conversar en torno al personal pensamiento narrativo que Javier Marías despliega en sus novelas, así como de descubrir la importancia que las ficciones tienen en los ensayos de Fernando Savater, narrador además de filósofo.

Información extraída de El País – Cultura.

(Cortinilla)

Fin de semana en la ciudad

El frenético ritmo de las grandes ciudades como Madrid, hace que muchas veces nos olvidemos de que, entre atasco y atasco, también existe una amplia oferta de ocio al aire libre ideal para disfrutar en familia. Sus zonas verdes, sus parques de atracciones y sus eventos en la calle hacen de la capital un lugar ideal para disfrutar de planes con niños. Pero bajo techo, ¡también hay planes! Comedia, magia, musicales, improvisación, cuentos... ¡En Madrid a los pequeños no les falta nada de nada!

(Cortinilla)

Mayores y ocio

De acuerdo con la «Encuesta de condiciones de vida de los mayores», los españoles de más de 65 años, para pasar su tiempo libre, en primer lugar, se inclinan por hacer turismo, seguido del deporte, cursos de manualidades y otras actividades formativas. Salir a bailar o asistir a espectáculos también son pasatiempos deseados, sobre todo lo segundo, especialmente por los hombres. Asistir a centros de ocio especiales para la tercera edad va a continuación. Las actividades que suscitan menor interés son las relativas al voluntariado social, que solo le parecen atractivas a seis de cada cien mayores.

(Cortinilla)

Leer es un placer

La Casa del Lector quiere ofrecer a las familias una actividad de ocio plenamente integrada en nuestra filosofía y proyecto. Para ello organizamos el Campamento de Lectura, un programa de actividades culturales en el que niños y jóvenes experimentarán con las diferentes formas de lectura, entendida como actitud vital, como forma de interpretar y comprender la realidad que nos rodea, para tratar de conseguir ciudadanos con pensamiento propio, analítico, crítico, creativo y solidario. Es decir: lectores del siglo XXI.

(Se repite el audio)

PISTA 9

Tarea 4

Instrucciones

Usted va a escuchar a seis personas que hablan de cómo les gusta pasar el tiempo libre y disfrutar de su ocio. Escuchará a cada persona dos veces. Seleccione el enunciado (A-J) que corresponde al tema del que habla cada persona (19-24). Hay diez enunciados incluido el ejemplo. Seleccione seis.

Ahora escuche el ejemplo.

Persona 0

HOMBRE: Yo trabajo en una oficina en la que no se pueden abrir las ventanas, ya estoy acostumbrado, pero para mucha gente resulta muy claustrofóbico. En las paredes han pintado paisajes de bosques y ríos, pero siguen siendo paredes. Por eso, yo siempre que puedo me voy a algún lugar al aire libre a caminar y respirar. Es lo que más me gusta hacer en mi tiempo libre.

La opción correcta es el enunciado A.

Ahora tiene 20 segundos para leer los enunciados

Persona 1

MUJER: Antes, en mi tiempo libre me gustaba cocinar con mi marido para nuestros amigos: dábamos muchas cenas en nuestra casa. Pero desde que nos separamos hace casi dos años, he dejado de ver a muchos de los amigos comunes y he tratado de hacer nuevas amistades. Una buena manera de hacerlo es yendo a una academia de baile, donde además he descubierto que me encanta pasar la mayor parte de las horas de mi tiempo libre aprendiendo los pasos del tango, la salsa...

(Se repite el audio)

Persona 2

MUJER: Mi marido y yo nos jubilamos el año pasado y la verdad es que ahora tenemos mucho tiempo libre para nosotros. Como a los dos nos encanta el campo, cuando hace buen tiempo nos vamos a algún paraje bonito donde haya árboles, arbustos, y un río. Él se dedica a observar a los pájaros y yo a mi afición favorita que no podía practicar antes por falta de tiempo: ir en piragua. A mucha gente le parece una locura que una mujer de mi edad haga eso, pero a mí me encanta y me relaja.

(Se repite el audio)

Persona 3

HOMBRE: Yo soy escritor, fundamentalmente escribo novelas, aunque también he publicado cuentos y algún ensayo. Por esa razón, paso mucho tiempo en casa delante del ordenador y también leyendo. Leo muchísimo. Me encanta leer, pero de alguna manera lo considero algo relacionado con mi trabajo. Por eso, cuando quiero evadirme y relajarme voy al mercado a comprar cosas ricas y preparo algún plato sabroso. Entonces llamo a mis amigos y disfrutamos todos de una buena comida o de una buena cena.

(Se repite el audio)

Persona 4

HOMBRE: A mí me gustaría dedicar más horas a mi familia, pero actualmente no tengo demasiado tiempo libre. Trabajo desde las ocho de la mañana hasta las seis de la tarde, así que hasta las siete o más no regreso a casa. Como mi esposa tuvo un accidente del que todavía está recuperándose, y tenemos tres niños bastante pequeños, hemos tenido que buscar a alguien que nos ayude en las tareas domésticas, pero no siempre puede con todo. No obstante, yo he descubierto que, si me pongo a planchar mis camisas delante de la tele, eso me hace olvidar el estrés de todo el día y me tranquiliza.

(Se repite el audio)

Persona 5

MUJER: La verdad es que yo siempre he sido muy deportista desde pequeña. Mi tiempo libre siempre lo he pasado montando en bicicleta, jugando al tenis, nadando, esquiando, practicando equitación, piragüismo, escalada... Pero hace tres meses tuve un grave accidente: me atropelló un coche y sobreviví de milagro. He tenido, y todavía tengo, que guardar reposo y eso me ha llevado a descubrir la lectura. Devoro novelas, cuentos, ensayos: todo. Gracias a los libros estoy disfrutando del tiempo libre obligado por mi convalecencia.

(Se repite el audio)

Persona 6

HOMBRE: Yo tengo muchísimo tiempo libre, porque no tengo que trabajar para ganarme la vida. Hace dos años me tocó la lotería y me tocó de verdad. La suerte fue muy generosa conmigo y gané un millón y medio de euros. Así que dejé mi trabajo de conserje en el museo, aunque todavía voy de vez en cuando a ver a mis antiguos compañeros. Lo que más me gusta hacer es pasar tiempo con mis hijos y puedo hacerlo porque, aunque cada uno de ellos vive en una parte del mundo, gracias a mi dinero puedo visitarlos y pasar con ellos largas temporadas.

(Se repite el audio)

PISTA 10

Tarea 5

Instrucciones

Usted va a escuchar una conversación entre dos personas, Anselmo y Begoña. Indique si los enunciados (25-30) se refieren a Anselmo (A), a Begoña (B) o a ninguno de los dos (C). Escuchará la conversación dos veces.

Ahora tiene 25 segundos para leer los enunciados.

BEGOÑA: ¡Hola, Anselmo! Te estaba buscando. ¿Has hecho ya planes para ir de pesca el fin de semana?

ANSELMO: Pues casi, ya sabes que yo quería ir a pescar con Manuel, pero él aún no sabe si podrá.

BEGOÑA: Te lo digo porque yo estoy organizando una escapada a una casa rural en la sierra con el grupo de compañeros que hicieron el máster con nosotros.

ANSELMO: ¡Ah, ya! Tú lo que quieres es pasar más tiempo con ese tipo de la barba. ¿Miguel se llama, no?

BEGOÑA: ¡Qué tonterías dices! Yo lo que quiero es disfrutar de los paisajes de la sierra, sabes que me encanta el senderismo y, en buena compañía, más. Y te lo digo porque si vamos ocho personas, el alquiler de la casa sale a muy buen precio.

ANSELMO: Pero es que a mí me apetece ir a pescar y además había medio quedado con Manuel.

BEGOÑA: Bueno en la zona donde está la casa también hay un río precioso y dicen que hay muchas truchas. Ideal si quieres pescar. Y además, en la casa también hay espacio para Manuel.

ANSELMO: Bueno, si es así, se lo comentaré a Manuel y a ver qué le parece. Ya sabes que él es bastante tímido y le cuesta ser sociable con la gente que no conoce mucho.

BEGOÑA: Si viene, tampoco tiene que estar todo el día haciendo cosas con el grupo: puede ir a pescar contigo y como la casa es muy cómoda y tiene chimenea, puede leer al lado del fuego. Yo misma tengo planes de sentarme a leer, a ver si termino una novela apasionante que empecé la semana pasada.

ANSELMO: ¿Tú sentada leyendo? ¡No me lo puedo imaginar! Si no sabes estar quieta ni cinco minutos.

BEGOÑA: Pues para leer esta novela sí. No para estar horas como tú, esperando que un pez muerda el anzuelo.

ANSELMO: Es verdad que puedo pasar horas esperando a ver si pesco algo. Pero recuerda que todos los sábados, si estoy en la ciudad, voy a bailar salsa y otros ritmos latinos a ese sitio tan animado de la calle Tulipán. Y además voy al trabajo en bicicleta y corro el maratón todos los años.

(Se repite el audio)

PISTA 11

Tarea 1

Instrucciones

Usted va a escuchar seis anuncios. Escuchará cada anuncio dos veces. Después, debe contestar a las preguntas (1-6). Seleccione la opción correcta (a / b / c).

Ahora tiene 30 segundos para leer las preguntas.

Anuncio 1

HOMBRE: Si posee una titulación universitaria, es hablante nativo de español y domina otros dos idiomas a nivel superior, le ofrecemos la posibilidad de convertirse en intérprete simultáneo. En nuestro centro Omnilingüe le prepararemos para trabajar como intérprete en conferencias, congresos y otros eventos. Clases teóricas y entrenamiento práctico de la mano de especialistas e intérpretes en activo.

(Se repite el audio)

Anuncio 2

MUJER: ¿Sabe usted idiomas a un nivel superior? ¿Redacta bien en su lengua nativa? ¿Quiere ganar dinero sin moverse de su casa? Si es así, en Tradutec le ofrecemos la posibilidad de realizar traducciones técnicas de manera estable y continuada en su propio domicilio. No es necesaria experiencia previa, pero sí tendrá que realizar una prueba de expresión escrita para valorar su competencia en esta destreza. Las traducciones se pagarán según las tarifas oficiales, dos meses después de la entrega de los textos.

(Se repite el audio)

Anuncio 3

HOMBRE: Si sus hijos ya están de vacaciones y tiene problemas para ocuparse de ellos, en Linguacamp podemos ayudarle. Somos especialistas en organizar campamentos para niños en un contexto de total inmersión, donde a lo largo de tres semanas toda la vida cotidiana se desarrolla en inglés y donde los niños aprenderán la lengua con juegos y actividades dirigidas por profesores especialmente formados para la enseñanza a niños.

(Se repite el audio)

Anuncio 4

MUJER: Cada vez son más frecuentes los trastornos del lenguaje entre la población infantil y también entre adultos. Un diagnóstico precoz puede contribuir a encontrar una solución que permita corregir o disminuir el problema. En los centros Glossa encontrará un gabinete de especialistas que le aconsejará sobre la mejor terapia para sobre su problema. Para información sobre dónde estamos, nuestros precios y otros detalles, consulte nuestra página glossa.com

(Se repite el audio)

Anuncio 5

HOMBRE: Hoy día se ha avanzado mucho en la detección de trastornos en la audición desde edades tempranas, evitando de este modo el desarrollo de sorderas irreversibles que impiden que el niño adquiera la lengua oral. No obstante, no siempre es posible una solución. Para facilitar la comunicación en estos casos, está la lengua de signos. Somos especialistas en la enseñanza de esta lengua tanto a las personas sin audición como a los hablantes que quieran aprenderlo. Información en www.sinpalabras.com

(Se repite el audio)

Anuncio 6

MUJER: ¿Le gustan las novelas o las películas de espías? Sabrá que un buen espía, para no ser descubierto, debe saber hablar la lengua como un nativo. También necesita moverse,

vestirse, comportarse como un nativo para no ser detectado. Y, muy importante: utilizar códigos secretos para comunicarse. No le estamos proponiendo que se haga espía, pero... ¿necesita comunicarse de tal manera que nadie entienda lo que dice o lo que escribe? Visite nuestra página palabrasocultas.com y encontrará todo lo que desee saber para elegir un código y compartir información solo con unos cuantos o divertirse con sus amigos.
(Se repite el audio)

PISTA 12
Tarea 2
Instrucciones
Usted va a escuchar un fragmento del programa «Aprender para saber», que hoy está dedicado al lenguaje de los animales. Escuchará la audición dos veces. Después, debe contestar a las preguntas (7-12). Seleccione la opción correcta (a / b / c).
Ahora tiene 30 segundos para leer las preguntas.

MUJER: Buenas tardes, me llamo Míriam de la Cruz y soy bióloga. Pero también he estudiado Psicolongüística, porque me interesa mucho la comunicación tanto entre los humanos como entre los animales. Hoy estoy aquí para hablar de cómo se comunican algunos animales entre sí o incluso con otras especies. Quiero agradecer a la directora del programa que haya contado conmigo para hablar de este tema que espero les parezca tan fascinante como a mí.

Existen investigaciones que demuestran que muchos animales poseen una inteligencia superior de lo que se pensaba. Y muchos de ellos desarrollan conductas sociales de una complejidad similar a las conductas de los humanos. También se ha estudiado que hay animales capaces de comunicarse con otros miembros de su misma especie o incluso con animales de otras distintas. Y esta capacidad es fundamental para sobrevivir en la naturaleza.

Los animales se comunican usando sonidos de muy diverso tipo, que incluyen rugidos y cantos de apareamiento; o sonidos más complejos con los que transmiten su estado de ánimo o con los que informan de dónde encontrar alimento a otros miembros de su grupo. Además de los sonidos, los animales se sirven de marcas visuales y olfativas, que dejan en el suelo o en los árboles mediante su orina o las segregaciones de glándulas especiales, y así comunicar su presencia a otros animales.

Los primates no humanos y los delfines comparten un nivel intelectual similar y se cree que ambos grupos de animales pueden proyectar sentimientos y otros elementos simbólicos, como números. Incluso se ha descubierto que los delfines utilizan silbidos diferentes –se han identificado hasta 186 sonidos– para dirigirse a cada miembro de la manada, como si los tratasen por su nombre o para referirse a asuntos concretos como informar de la cercanía de una embarcación o de la presencia de caza.

Pero no solo los mamíferos son capaces de comunicar sentimientos, aunque es verdad que, gracias a su mayor cerebro, son los que tienen más posibilidades de elaborar un lenguaje simbólico. Algunos pájaros, entre los que se encuentran los córvidos, son extremadamente inteligentes y tienen la capacidad de emitir una gran cantidad de sonidos, incluso imitando el lenguaje humano. Los córvidos además son capaces de representar acciones inmediatas y futuras.

Los reptiles, anfibios, peces e insectos son animales con un cerebro menos desarrollado que el de las aves y los mamíferos, por lo que su actividad en el campo de los lenguajes no es tan avanzada. Sin embargo, un ejemplo de comunicación compleja es la de las abejas que, mediante danzas, son capaces de señalar a sus compañeras de colmena la dirección respecto al sol de una fuente de alimento y la distancia a la que se encuentra.

Bueno, creo que ya he agotado mi tiempo. Espero que hayan disfrutado con mi charla. Si quieren saber más sobre este tema, les recomiendo una visita a: El lenguaje de los animales.
(Se repite el audio)

Información extraída de: http://biologia.laguia2000.com

PISTA 13
Tarea 3
Instrucciones
Usted va a escuchar en un programa radiofónico seis noticias curiosas relacionadas con la lengua y la comunicación. Escuchará la audición dos veces. Después, debe contestar a las preguntas (13-18). Seleccione la opción correcta (a / b / c).
Ahora tiene 30 segundos para leer las preguntas.

MUJER: El gen y proteína FoxP2 descubierto en los años noventa del siglo XX, está relacionado con el lenguaje humano y su mutación se asocia con determinados trastornos específicos del lenguaje. Así, las mutaciones de este gen causan que una persona sea incapaz de distinguir los fonemas dentro de una palabra, de generar inflexiones a partir de una raíz, de comprenderlas si no las había aprendido previamente de memoria y de producir con naturalidad estructuras sintácticas. Por eso, se conoce como gen del lenguaje.
(Cortinilla)

El español es la tercera lengua más hablada del mundo con una cifra estimada de 500 millones de hablantes. Solo la superan el inglés y el chino mandarín, que ocupa el primer lugar en número de hablantes, con más de 1000 millones. Estas estimaciones se refieren al total de hablantes. Pero si el cómputo se hace limitándose al número de hablantes nativos, el español ocupa la segunda posición, con algo más de 400 millones de hablantes, situándose por delante del inglés y precedida solo por el chino mandarín.
(Cortinilla)

El lenguaje escrito también es un medio de comunicación, pero a diferencia de la lengua materna oral, que se adquiere de manera natural, el lenguaje escrito es una invención y no se adquiere, sino que se debe aprender. Pueden existir lenguas que solo sean orales, pero ninguna lengua natural en uso es solo escrita. En español se usa escritura alfabética. El alfabeto –o abecedario– que adopta el español viene del latín, y este a su vez procede de una variante del alfabeto griego usado en el sur de Italia (la antigua Magna Grecia), que los latinos adoptaron a través de los etruscos.
(Cortinilla)

Seguro que conoce la expresión «hablar por los codos» para referirse a alguien que habla mucho. Una explicación para esta expresión está en interpretar que una persona habladora no solo usa las palabras que salen de su boca, sino que también hace gestos y mueve los brazos y, por lo tanto, los codos. Muy distinta es la explicación de que viene de que los condenados que estaban atados codo con codo, tenían que confesar –hablar– si querían evitar un castigo peor.

(Cortinilla)

En español, cuando alguien estornuda, lo más común es que se responda con *¡Jesús!*, aunque también se puede oír la respuesta *¡Salud!* Pero, ¿sabía usted que hay lenguas en las que ante un estornudo se dice *¡Gracias!*, *¡Que estés bien!*, *¡Que no sea nada, ay!* o *¡Que Dios te bendiga!*? Y estas son solo algunas muestras. Los estornudos pueden sonar igual en todas las lenguas, pero las respuestas ante ellos no son las mismas.

(Cortinilla)

¿Sabe lo que es un palíndromo? Lo forman las palabras, expresiones o frases que se leen igual en ambas direcciones como «salas» o «dábale arroz a la zorra el abad». Esta semana tenemos un concurso de palíndromos y el que resulte elegido como más ingenioso por nuestros oyentes, recibirá como premio el diccionario de la Real Academia Española. No hay límite de palabras, ni de tipos de sílabas, ni de alternancia de vocales y consonantes. También puede enviar más de un palíndromo. Nuestro correo: lenguaviva@radiocadena.com

(Se repite el audio)

PISTA 14

Tarea 4

Instrucciones

Usted va a escuchar a seis personas que hablan sobre diversos aspectos del aprendizaje de lenguas y la necesidad de saber idiomas. Escuchará a cada persona dos veces.

Seleccione el enunciado (A-J) que corresponde al tema del habla cada persona (19-24). Hay diez enunciados incluido el ejemplo. Seleccione seis.

Ahora escuche el ejemplo

Persona 0

HOMBRE: Yo quiero que a mi hijo de diez años no le dé vergüenza hablar en una lengua extranjera. Lleva estudiándola en el colegio desde que tenía tres años, pero es muy tímido y aunque sabe mucha gramática y vocabulario, no siente la necesidad de hablarla. Como me parece pequeño para ir solo a otro país, lo he apuntado a un campamento donde todo se hace en inglés. ¡Ojalá le guste!

La opción correcta es el enunciado J.

Ahora tiene 20 segundos para leer los enunciados

Persona 1

MUJER: Yo soy bilingüe desde pequeña y creo que hablar dos idiomas ayuda mucho a aprender otras lenguas. Ahora hablo cinco idiomas y me gano la vida muy bien, gracias a eso.

(Se repite el audio)

Persona 2

HOMBRE: Yo tenía 22 años y quería aprender inglés. Nunca lo había estudiado. Como no quería pasar años y años en una academia haciendo ejercicios, conseguí una beca en el Reino Unido para enseñar español, justo después de terminar mi carrera. Aprendí mucho gracias a mis amigos ingleses, bueno, y sobre todo gracias a mi novia que no sabía nada de español.

(Se repite el audio)

Persona 3

MUJER: Yo creo que no es tan importante forzar a los niños a que aprendan una segunda lengua cuando solo tienen dos años y están empezando a dominar su lengua materna. Me parece más importante que adquieran bien su primera lengua y ya tendrán tiempo de aprender otros idiomas.

(Se repite el audio)

Persona 4

HOMBRE: Yo creo que para saber bien un idioma hay que estudiarlo y también practicarlo. Por ejemplo, yo he estudiado Filología Inglesa, pero he pasado mucho tiempo tanto en el Reino Unido como en los Estados Unidos. Eso me ha permitido saber mucha gramática y vocabulario, y también aprender sobre su cultura, expresiones coloquiales, es decir: lo que no está en los libros. Ah, y este verano me voy a Australia.

(Se repite el audio)

Persona 5

MUJER: En mi opinión, si tienes que comunicarte en otra lengua por tu trabajo, porque quieres pedir una beca para estudiar en otro país o por razones de migración económica, la vas a aprender. Vas a poner mucha energía y mucho interés en conseguirlo y lo conseguirás. Yo soy un ejemplo de esto.

(Se repite el audio)

Persona 6

MUJER: Yo no tengo muy claro si los llamados colegios bilingües desde la etapa infantil (de los tres a los seis años) van a resultar positivos para que los niños aprendan mejor una lengua extranjera. Es un proyecto interesante, pero no sé si hay suficiente investigación para demostrar los buenos resultados de este tipo de educación.

(Se repite el audio)

PISTA 15

Tarea 5

Instrucciones

Usted va a escuchar una conversación entre dos personas, Adela y Bernardo. Indique si los enunciados (25-30) se refieren a Adela (A), a Bernardo (B) o a ninguno de los dos (C). Escuchará la conversación dos veces.

Ahora tiene 25 segundos para leer los enunciados.

ADELA: ¡Hola Bernardo! ¿Ya has decidido qué idioma quieres estudiar?

BERNARDO: ¡Hola Adela! Ya sabes que esa pregunta me resulta difícil de contestar. Quiero seguir con inglés porque lo estudié en el colegio, pero también necesito aprender chino para mis negocios.

ADELA: Pues conozco a alguien que te podría dar clases de chino: es una estudiante de doctorado que hace la tesis con mi hermana.

BERNARDO: No sé. Prefiero alguien más profesional y con experiencia. No me fío de una estudiante.

ADELA: Es una estudiante de doctorado, tiene un máster en Enseñanza de Lenguas Extranjeras y ha dado clases en el Instituto Confucio.

BERNARDO: Bueno, si es así... pero prefiero ir a una academia con más gente. No me gustan las clases particulares.

ADELA: Pues no lo entiendo, porque precisamente tú quieres aprender chino para tus negocios y en una clase con otros estudiantes no podrás enfocarte en las cosas que tú necesitas saber.

BERNARDO: Puede ser, pero es más divertido estar con gente.

ADELA: Pues también te puedo recomendar un sitio: una compañera de mi oficina está estudiando chino en una academia cerca del trabajo y me ha dicho que ese sitio es muy bueno.

BERNARDO: ¡Ah, qué bien! Muchas gracias. Sabes de todo.

ADELA: De todo no. Pero ya sabes que como trabajo en una agencia de traductores conozco a mucha gente que habla diferentes idiomas. Y muchos son profesores de idiomas también.

BERNARDO: Bueno, voy a pensarlo. Ya te diré algo. Y gracias por tus recomendaciones.

ADELA: De nada. Y ¿sabes? A lo mejor también me animo yo a estudiar chino. Aprender idiomas es un ejercicio mental muy bueno.
(Se repite el audio)

PISTA 16
Tarea 1
Instrucciones
Usted va a escuchar seis anuncios. Escuchará cada anuncio dos veces. Después, debe contestar a las preguntas (1-6). Seleccione la opción correcta (a / b / c).
Ahora tiene 30 segundos para leer las preguntas.
Anuncio 1
MUJER: El conocido chef Joaquín de la Fuente va a descubrir los secretos de sus recetas de lunes a jueves en Tele44. Cada viernes dos artistas famosos prepararán su plato favorito. El primero en hacerlo será el músico canario Tito Salas que también ha compuesto la melodía para el programa y al que acompañará el popular cantante de baladas Dani Beng que ha prometido interpretar un tema de Salas.
(Se repite el audio)
Anuncio 2
HOMBRE: La frutas, verduras y hortalizas deben estar presentes en la dieta y hay que consumirlas todos los días en una cantidad de al menos cinco piezas o raciones. De las cinco raciones recomendadas de estos productos, dos pueden ser de verduras y tres de frutas. De estas, al menos una debería ser una fruta cítrica, y el resto, de cualquiera de las frutas que en ese momento estén de temporada (plátano, manzana, uvas, higo, melocotón, melón...).
(Se repite el audio)
Anuncio 3
MUJER: ¿Todavía no sabes a qué dedicarte? ¿No te gustaría aprender a cocinar y llegar a ser un gran chef? Ahora tienes la oportunidad de convertirte en un cocinero de primera en solo nueve meses. Nuestro curso intensivo combina clases teóricas sobre alimentos con la elaboración de platos desde la tercera semana del curso y prácticas en restaurantes durante tres meses. Para más información consulta nuestra página www.cocineroquieroser.com
(Se repite el audio)
Anuncio 4
HOMBRE: ¿Quiere perder peso sin pasar hambre? Olvídese de las dietas milagro que le prometen bajar kilos en cuestión de días. En Cuerpos sanos, nuestro centro de dietética, estudiaremos sus características y analizaremos sus necesidades. Con nuestra propuesta de alimentación y una hora de ejercicio al día los kilos de sobra se irán y no volverán. Visítenos en www.cuerpossanos.com
(Se repite el audio)
Anuncio 5
MUJER: El lunes empieza la quincena de la tapa: durante dos semanas 100 bares de la capital –los reconocerás por su cartel TomaTapas– ofrecerán 20 de estos deliciosos platos a la mitad de su precio habitual: desde las más baratas a 1 € hasta las más sofisticadas a 5 €. Y si consumes más de 10 €, las bebidas te salen gratis. Detalles en www.cometapas.com
(Se repite el audio)
Anuncio 6
HOMBRE: Si es de los que busca consumir productos locales, recuerde que en primavera los fresones se encuentran en plena temporada, así que están más sabrosos y a buen precio. Los fresones aportan fibra y son ricos en vitamina C y no solo son una fruta deliciosa, sino que también constituyen la base de tartas y otros dulces. Los fresones deben guardarse con los tallos hasta después de lavarse para evitar que se estropeen.
(Se repite el audio)

PISTA 17
Tarea 2
Instrucciones
Usted va a escuchar un fragmento del programa «Juntos en casa y en el trabajo», en el que Julia y Mario cuentan su vida. Escuchará la audición dos veces. Después, debe contestar a las preguntas (7-12). Seleccione la opción correcta (a / b / c).
Ahora tiene 30 segundos para leer las preguntas.
MUJER: Hola, soy Julia.
HOMBRE: Y yo Mario.
MUJER: Hemos querido participar en este nuevo programa en el que matrimonios o parejas cuentan su experiencia trabajando juntos en el mismo lugar, además de compartir la vida familiar, porque creo, bueno, creemos que es perfectamente compatible vivir juntos y trabajar juntos. Y en nuestro caso resulta algo muy positivo, ya que de esta manera tenemos el mismo horario, las mismas vacaciones y podemos organizarnos mejor. A veces, tiene algunos inconvenientes, pero pocos y solo a veces.
HOMBRE: Julia ya ha dicho por qué nos hemos animado a venir al programa, pero no ha contado cuál es nuestro trabajo. Nosotros, los dos, somos cocineros y trabajamos en la cocina de un restaurante familiar. Resulta que, en realidad, yo soy abogado y Julia es economista y trabajábamos en una compañía inmobiliaria. De hecho, nos conocimos ahí. Nos casamos, teníamos un piso, una hipoteca, y con los dos sueldos vivíamos bien. Pero llegó la crisis económica y nuestra empresa empezó a recortar gastos: lo primero fue despedir a la mitad del personal. Y, como Julia y yo, éramos de los más jóvenes y con menos tiempo en la empresa, nos fuimos a la calle los dos, con una indemnización mínima.
MUJER: Sí, la verdad es que el primer momento fue terrible. Nos veíamos en la calle, sin perspectivas de trabajo, teniendo que pagar nuestra vivienda, sin poder pedir ayuda a nuestras familias porque nuestros padres estaban igual o peor que nosotros. Entonces tuvimos una idea. ¡La gran idea! Y fue gracias a la abuela de Mario, Engracia. Los dos la queremos mucho y fuimos a verla al pueblo. Ella vive en una casa que tiene un huerto en el que cultiva verduras: tomates, coles, pimientos, patatas, cebollas; y plantas aromáticas: orégano, romero, menta... También tiene árboles frutales, un ciruelo, un manzano y... y dos naranjos.
HOMBRE: La idea que tuvimos Julia y yo nos vino después de pasar la mañana con la abuela recogiendo verduras y frutas de la huerta. Nos pusimos los tres en su cocina a preparar la comida: una menestra de verduras frescas y una tortilla con los huevos de sus gallinas. Hicimos una tarta de manzana y nos enseñó a hacer mermelada con las ciruelas. Después de comer, salimos al patio para tomar café y charlar, cuando Julia y yo nos miramos y los dos dijimos a la vez: ¿Y si...?
MUJER: ¿Y si nos dedicáramos a esto de la cocina? A Mario y a mí siempre nos ha encantado cocinar. De hecho, cuando trabajábamos en la inmobiliaria, los fines de semana íbamos al mercado, y preparábamos comida para toda la semana.
HOMBRE: ¡Dicho y hecho! Con el dinero de nuestras indemnizaciones alquilamos un local y montamos un pequeño restaurante. Y como todos estábamos sin empleo, toda la familia

se puso a trabajar, la abuela Engracia dándonos recetas y trucos de cocina, mis padres y los padres de Julia haciendo de todo y Julia y yo en los fogones. Nos empezó a ir bien y hemos ampliado el negocio. Además, hemos podido dar empleo a dos primos míos y al cuñado de Julia.

MUJER: Sí, estamos muy contentos. Trabajamos muy duro, pero empezar juntos esta aventura nos ha unido mucho a Mario y a mí y si las cosas siguen bien, creo que tendremos que empezar a pensar en aumentar la familia.

(Se repite el audio)

PISTA 18

Tarea 3

Instrucciones

Usted va a escuchar en un programa radiofónico seis noticias sobre gastronomía y nutrición. Escuchará la audición dos veces. Después, debe contestar a las preguntas (13-18). Seleccione la opción correcta (a / b / c).

Ahora tiene 30 segundos para leer las preguntas.

MUJER: ¿Conoce usted las propiedades de la nuez? Este fruto seco de gran valor energético, aporta al organismo fibra, hidratos de carbono y proteínas. También contribuye a mejorar la actividad mental. Se suelen comer crudas y basta con tomar cuatro al día para beneficiarse de sus propiedades.

(Cortinilla)

Un consejo para mejorar nuestra alimentación: comer de todo con prudencia. Si nuestra dieta incluye legumbres, verduras, fruta, carne, pescado, huevos, productos lácteos e incluso algún embutido, estamos aportando al organismo una variedad de vitaminas y nutrientes necesarios para su buen funcionamiento. Eso sí, no hay que excederse y hay que saber combinarlos.

(Cortinilla)

Los huevos contienen colina, que protege el cerebro del envejecimiento y mejora la memoria. Investigadores de la Universidad de Boston siguieron los hábitos alimenticios de casi 1400 alumnos durante diez años y han concluido que existe una correlación entre su ingesta y unos mejores resultados en ciertos tests de memoria.

(Cortinilla)

La espinaca es una verdura de hoja verde cuyo origen se sitúa en Persia. Es rica en vitaminas y minerales como el calcio, el hierro y el potasio. Y también ayuda a bajar la presión arterial por su bajo contenido en sodio. Además, aporta fibra, que facilita las digestiones. Las espinacas son muy versátiles, se pueden tomar crudas o cocinadas de diferentes maneras.

(Cortinilla)

El conocido como ajo negro es, en realidad, un ajo blanco sometido a un lento proceso de fermentación natural o maduración que le confiere su color y sabor característicos. Tiene las ventajas de que no deja mal aliento ni repite. Además, tiene más riqueza antioxidante que el ajo blanco. También posee cinco veces más polifenoles, unos compuestos considerados anticancerígenos. Puede consumirse crudo o cocinado.

(Cortinilla)

Y para terminar, una curiosidad. ¿Sabía que en Roma ya existía la comida rápida? El historiador Felipe Fernández-Armesto asegura que los romanos de clase baja que vivían en pisos compartidos no solían cocinar sus platos, sino que compraban su comida ya preparada en quioscos que se hallaban en las esquinas de la calle.

(Se repite el audio)

PISTA 19

Tarea 4

Instrucciones

Usted va a escuchar a seis personas que hablan sobre sus hábitos alimenticios. Escuchará a cada persona dos veces. Seleccione el enunciado (A-J) que corresponde al tema del que habla cada persona (19-24). Hay diez enunciados incluido el ejemplo. Selecciones seis.

Ahora escuche el ejemplo.

Persona 0

HOMBRE: Cuando iba al colegio, todos los días tomaba un bocadillo de chorizo para la merienda. Un día, que no había chorizo en casa, mi madre me dio una manzana. Primero, el cambio me pareció horrible. Pero la verdad es que, desde ese día, no he dejado de tomar una a media tarde.

La opción correcta es el enunciado F.

Ahora tiene 20 segundos para leer los anunciados.

Persona 1

MUJER: Me hice vegetariana no tanto porque piense que no hay que matar a los animales para comer su carne. Bueno, yo quiero mucho a los animales, pero me encantaba comer hamburguesas y salchichas. Las verduras no me gustaban, ni las ensaladas. Pero, me enamoré de un chico vegetariano que además es un cocinero de primera y me hizo descubrir un mundo nuevo. Hace más de un año que no he probado la carne, pero alguna vez aún sueño con una hamburguesa.

(Se repite el audio)

Persona 2

MUJER: Yo cuido muy bien de mi alimentación. Mi dieta incluye de todo: proteínas, hidratos, legumbres... De esta manera, me aseguro de que estén presentes todas las vitaminas, minerales y fibras necesarios para una buena alimentación. Los huevos no los pruebo y tampoco tomo nada que lleve aceite de palma. Y hago cinco comidas al día para poder comer un poco de todo.

(Se repite el audio)

Persona 3

HOMBRE: Hace un año que me mudé al campo. Vivo en una casa que no es muy grande y tiene un terreno por la parte de detrás. Como tengo mucho tiempo libre, he plantado verduras y ahora tengo una huerta. Tengo cebollas, tomates, lechugas, coles y también hierbas aromáticas como el orégano, el romero y la menta. La verdad es que parezco vegetariano porque como muchas verduras. Aunque también como pollo, hamburguesas y salchichas.

(Se repite el audio)

Persona 4

HOMBRE: Yo sigo una dieta muy saludable. Por ejemplo, para desayunar como fruta, pan integral... a veces también queso o jamón y dos días a la semana un huevo cocido. En mi almuerzo siempre hay un plato de verduras o ensalada y unos días como pescado, otros pollo o pavo y uno carne. Por las noches, una cena liviana. Si tengo hambre entre horas, como una fruta o unas nueces o un yogur. También tomo infusiones, sobre todo mate, y mucha agua.

(Se repite el audio)

Persona 5

HOMBRE: No sé si mi dieta es saludable, pero es la misma de siempre en mi familia: en invierno, para empezar el día pan tostado con aceite de oliva; para el almuerzo, un buen primer plato de legumbres: garbanzos, judías, o lentejas, y de segundo alguna proteína: carne o pescado. En verano desayuno fruta y para el almuerzo como ensaladas, las hago muy variadas, mezclando diferentes lechugas y añadiendo también semillas y alguna proteína como pollo o atún. Las cenas siempre las hago muy ligeras en cualquier época del año.

(Se repite el audio)

Persona 6

MUJER: Yo no planifico demasiado mi dieta. La verdad es que como lo que me apetece, pero nunca hago excesos. Lo que sí tomo todos los días es fruta: me encantan las frutas rojas como las fresas, las frambuesas, los arándanos... pero también me encantan las tartas de manzana y los bombones y, de vez en cuando, me doy el gusto de comerlos. Y también como paella, patatas fritas, aceitunas... pero como he dicho: sin exceso.

(Se repite el audio)

PISTA 20

Tarea 5

Instrucciones

Usted va a escuchar una conversación entre dos personas, Ana y Benito. Indique si los enunciados (25-30) se refieren a Ana (A), a Benito (B) o a ninguno de los dos (C). Escuchará la conversación dos veces.

Ahora tiene 25 segundos para leer los enunciados.

ANA: Hola, Benito, soy Ana, la prima de Marta, tu novia.

BENITO: ¡Ah, sí, Ana! ¿Cómo estás?

ANA: Muy bien, gracias. Mira te llamo porque, como sabrás dentro de dos semanas es el cumpleaños de Marta. Y como cumple 25 años he pensado que sería una buena idea prepararle una fiesta sorpresa. Estoy haciendo la lista de invitados: toda la familia, por supuesto, los amigos del colegio y los de la universidad y los del trabajo, claro y...

BENITO: Sí... pero...

ANA: ¡Ah! Tu familia también.

BENITO: Es que mi familia está en Argentina. Ya sabés que yo soy argentino, ¿no? Vine a España a estudiar en la universidad porque entonces mi abuela, que sí es española, vivía aquí.

ANA: Bueno. No pasa nada. Y también he pensado en lo que habrá para comer. Mira, lo mejor, es cosas de picar. Yo, primero había pensado en una cena sentados en la mesa con primer plato, segundo plato y postre y...

BENITO: Perdoná, esperá un momento. Dejame hablar. Es todo un detalle de tu parte que hayas pensado en organizarle una fiesta a Marta. Pero, la verdad es que nosotros habíamos pensado en celebrarlo de una manera más tranquila. Los dos solos.

Ese mismo día se cumplen cinco años de habernos conocido. Marta y yo nos conocimos en la cafetería de la facultad el día que cumplía 20 años. ¿No lo sabías?

ANA: Pues no, eso no lo sabía: sabía que os habíais conocido en la universidad, pero no los detalles. ¡Qué bonito! ¡Qué romántico! Yo también fui a la universidad, pero a mi novio lo conocí en...

BENITO: De acuerdo, de acuerdo, está bien. Pero insisto: vamos a cenar Marta y yo solos en un restaurante estupendo en el que ya hice la reserva.

ANA: Bueno genial. Vosotros celebráis vuestra cena íntima el día del cumpleaños y yo preparo una gran fiesta para el fin de semana. No te preocupes.

(Se repite el audio)

PISTA 21

Tarea 1

Instrucciones

Usted va a escuchar seis anuncios. Escuchará cada anuncio dos veces. Después, debe contestar a las preguntas (1-6). Seleccione la opción correcta (a / b / c).

Ahora tiene 30 segundos para leer las preguntas.

Anuncio 1

MUJER: Sea cual sea la época del año, el Mediterráneo le espera con los brazos abiertos. Para conocerlo, Costa Cruceros ofrece una variedad de cruceros que le permitirán disfrutar de las mejores vacaciones en cualquier momento. Un destino clásico para toda la familia. Y recuerde: los menores de 18 años viajan gratis. Si reserva antes del 10 de abril, recibirá 100 € de regalo para consumir a bordo.

(Se repite el audio)

Anuncio 2

HOMBRE: ¿Por qué vas a pagar más por el mismo tipo de asiento en el mismo vuelo que la persona que está a tu lado? Entra en nuestra página web: buscavuelos.com y encuentra la mejor oferta. Te ofrecemos una comparativa entre las compañías, mostrando los diferentes precios según la fecha que selecciones para viajar, el rango de edad ¿joven?, ¿senior?, ¿bebé?, ¿niño? Y si encuentras un vuelo más barato que el que te ofrecemos te devolvemos la diferencia que hayas pagado.

(Se repite el audio)

Anuncio 3

MUJER: Asegure el mejor alojamiento al mejor precio para sus vacaciones. Solo en Casavacacional conseguirá uno de nuestros cincuenta apartamentos en primera línea de playa un 20 % más barato que con cualquier otra agencia. Y si prefiere una cabaña entre árboles en un frondoso bosque, nuestra oferta llegará hasta un 50 % de descuento sobre los precios del mercado. Oferta válida solo el día de hoy para los primeros cincuenta clientes. Ya pueden hacer sus reservas en nuestra página web www.casasvacacionales.com o llamando al teléfono 902 209 209.

(Se repite el audio)

Anuncio 4

HOMBRE: Vuela como un superhéroe: puedes tirarte en *zipline* por un bosque, remar en kayak, sumergirte en las aguas turquesas de playas de arena blanca. De la costa a la montaña unas vacaciones cinco estrellas esperando por ti. ¡Una aventura! Si prefieres algo más tranquilo, descubre el Viejo San Juan, deambula por calles adoquinadas, la ciudad amurallada conserva su arquitectura colonial: sus edificios albergan museos, tiendas, restaurantes. Este verano sal y disfruta de Puerto Rico, la isla del encanto. Una joya escondida. ¡Ah! Y hablamos español. Para más información, visita nuestra página web venapuertorico.com

(Se repite el audio)

Anuncio 5

HOMBRE: ¿Todavía no conoce Buenos Aires? La gran capital ofrece su vasta oferta cultural y recreativa que agita la urbe los 365 días del año durante el día y la noche. Nuestro consejo:

descubrir la ciudad caminando por sus barrios, desde los más tradicionales, hasta los más señoriales, pasando por los más modernos, cuna del diseño de vanguardia. También quienes lo prefieran pueden apuntarse a paseos temáticos que siguen los pasos de personajes emblemáticos del tango o de la cultura argentina. Y otra opción la constituyen los paseos en el Río de la Plata. No lo olvide: las calles porteñas siempre invitan a salir sin rumbo, guiándose por la curiosidad de descubrir el sinfín de atractivos que brillan en esta gran ciudad.

(Se repite el audio)

Anuncio 6

MUJER: ¿Eres una de esas personas que piensan: por qué todo es más caro si se viaja solo? ¿Por qué todo está pensado para ir con otra persona? Si es así: podemos ayudarte. Entra en nuestra página solosyfelices.com y encontrarás una variada selección de destinos con hoteles y actividades pensadas para personas que viajan sin compañía. Y ¿quién sabe? Tal vez puedas encontrar a otro solitario o solitaria con quien compartir tu tiempo y tus vacaciones.

(Se repite el audio)

PISTA 22

Tarea 2

Instrucciones

Usted va a escuchar un fragmento del programa «De profesión: sus viajes», en el que Rosa, una guía turística, cuenta experiencias sobre su vida y sus viajes. Escuchará la audición dos veces. Después, debe contestar a las preguntas (7-12). Seleccione la opción correcta (a / b / c).

Ahora tiene 30 segundos para leer las preguntas.

MUJER: Hola, buenas tardes a todos. Me llamo Rosa Martínez. Soy española y llevo tres años trabajando de guía turística para una agencia especializada en viajes a Latinoamérica. Estudié Historia Contemporánea en la Universidad Autónoma de Madrid y durante mis estudios realicé varias estancias en el extranjero, primero como estudiante Erasmus en Liverpool (en el Reino Unido) y después como estudiante de intercambio en Boston (Estados Unidos).

Esas experiencias me sirvieron para aprender mucha historia, descubrir otras culturas y para perfeccionar mi inglés. Gracias a eso, cuando me gradué, empecé a desempeñar pequeños trabajos acompañando a grupos de viajeros españoles que necesitaban una guía con idiomas. Además de inglés, también hablo francés, portugués más o menos y un poco de chino.

Mis estancias en el extranjero como estudiante y después como acompañante de grupos me sirvieron sobre todo para darme cuenta de lo grande que es el mundo y de lo que se aprende y se disfruta viajando. Por eso, cuando leí un anuncio de una agencia que buscaba guías con algo de experiencia para viajar por Latinoamérica, no lo dudé ni un minuto. Solicité el trabajo. Nos presentamos más de sesenta personas para los dos puestos que ofrecían. Y eso que el sueldo no era –ni es– para hacerse millonario.

La verdad es que mi *curriculum vitae* se adaptaba bien al perfil que buscaban: joven, con estudios universitarios, con experiencia en el campo de los viajes, con disponibilidad para viajar, con conocimiento de idiomas... Y yo cumplía, vamos, cumplo esos requisitos.

Como, la agencia se especializa en Latinoamérica, no era tan importante saber inglés, pero sí me ayudó saber portugués porque organizan muchos circuitos por Brasil. En cualquier caso, saber inglés, siempre sirve. Además, la agencia está estudiando abrir nuevas rutas a Norteamérica: quieren empezar con Alaska y también con Canadá, por la zona de Quebec, donde se habla francés.

No sé cuánto tiempo quiero pasar haciendo este tipo de trabajo, de momento me interesa porque también estoy estudiando un máster de Estudios Latinoamericanos, y mi empleo me proporciona un buen sueldo que me ha permitido pagar la matrícula y, además, visitar y conocer los países cuya historia y cultura estudio en la universidad. Después quiero empezar un doctorado sobre algún aspecto concreto de la historia de Latinoamérica y quizá dedicarme a la enseñanza en la universidad, aunque la cosa está difícil en este sentido.

Pero de momento, estoy contenta con lo que hago: me gusta descubrir lugares nuevos y volver a los ya visitados. Mi trabajo también me ha brindado la oportunidad de conocer a mucha gente interesante y maravillosa. Bueno, no todo es de color de rosa: a veces hay viajeros insoportables, durante el viaje surgen contratiempos –cancelaciones de vuelos, hoteles desastrosos, alguna intoxicación alimentaria–; no obstante, sigo pensando que viajar y conocer mundo es algo maravilloso.

(Se repite el audio)

PISTA 23

Tarea 3

Instrucciones

Usted va a escuchar en un programa radiofónico seis noticias sobre viajes. Escuchará la audición dos veces. Después, debe contestar a las preguntas (13-18). Seleccione la opción correcta (a / b / c).

Ahora tiene 30 segundos para leer las preguntas.

MUJER: Los espíritus inquietos cada vez tienen más posibilidades de dar rienda suelta al nomadismo. Una opción para estrenarse son los hoteles móviles. En formato caravana van allá donde haga falta cubrir la necesidad de camas: festivales, acontecimientos deportivos o, simplemente, para quienes deseen moverse a su aire. En la web encontrará agencias que ofrecen este tipo de alojamiento.

(Cortinilla)

Solo en unas fechas seleccionadas se puede viajar en un tren muy especial a la ciudad medieval de Sigüenza, situada a 130 km de Madrid. En la misma estación de Chamartín nos recibirán trovadores, malabaristas y magos que amenizarán el viaje, durante el cual habrá una degustación de dulces típicos y música medieval. En Sigüenza nos espera una visita guiada a la ciudad y sus monumentos.

Circula los sábados de las temporadas de primavera y otoño. Información sobre las fechas para el año en curso y precio actualizado de los billetes en la página web de Renfe.

(Cortinilla)

La agencia Unagi Travel plantea la posibilidad de mandar a los muñecos de peluche preferidos de viaje a Tokio o a otras ciudades céntricas de Japón. El precio que cuesta enviar al «animalito» no es tan caro: entre 35 y 55 dólares, según el recorrido que se pretenda hacer. Se incluyen recorridos por Tokio y otras ciudades, visitas a lugares históricos, viaje en el tren bala y hasta descanso nocturno en una habitación de hotel. La empresa cuelga fotos de los peluches viajeros en

Facebook. Se puede ver a un pequeño hipopótamo que es el peluche que ha hecho más excursiones. Según Sonoe Azuma, el fundador de esta agencia, hay gente que quiere participar de los viajes y acompaña a su peluche en algunos recorridos.

(Cortinilla)

El éxito del *rally* París-Dakar llevó a uno de sus pioneros, Juan Porcar, a crear en 2006 con la empresa RPM una prueba similar para bicicletas. Cientos de esforzados ciclistas pedalean durante seis días en el Sahara marroquí afrontando un intenso calor, fuertes rachas de viento y tramos de arena que obligan a seguir a pie o pistas muy pedregosas que torturan a los deportistas y a sus bicicletas. Por primera vez, este año se incluye un pequeño grupo de bicicletas eléctricas en las dos últimas etapas.

(Cortinilla)

Viajar al espacio será una realidad. La compañía Space Expedition Corporation ha publicado su catálogo de vuelos, a los que cualquier persona podrá acceder previo pago de 72 000 euros. A pesar de que los viajes estarán abiertos exclusivamente a la población civil, será necesario cumplir ciertos requisitos, como ser mayor de edad y superar con éxito los entrenamientos obligatorios en los que los candidatos tendrán que aguantar la fuerza de hasta tres veces su propio peso. Sin embargo, la edad no tiene techo y los organizadores han reconocido que entre quienes ya han reservado plaza hay personas de más de 80 años. El vuelo durará alrededor de 60 minutos.

(Cortinilla)

Según el informe de la Organización Mundial del Turismo, los turistas internacionales que viajaron a diferentes partes del mundo durante este año alcanzaron la cifra récord de 1133 millones de viajeros, un aumento del 4,3 % con respecto al año pasado.

Francia, Estados Unidos y España, en este orden, siguen ocupando los primeros puestos en la lista de los países más visitados. México es el único destino latinoamericano que logró posicionarse entre los 10 primeros países con mayores llegadas internacionales con 29,1 millones de visitas.

(Se repite el audio)

PISTA 24

Tarea 4

Instrucciones

Usted va a escuchar a seis personas que hablan de cómo les gusta pasar el tiempo libre y disfrutar de su ocio. Escuchará a cada persona dos veces.

Seleccione el enunciado (A-J) que corresponde al asunto del que habla cada persona (19-24). Hay diez enunciados incluido el ejemplo. Seleccione seis.

Ahora escuche el ejemplo.

Persona 0

MUJER: Yo tengo que viajar mucho por mi profesión. Y la verdad es que cuando llegan las vacaciones lo que menos me apetece es subirme a un avión para irme lejos de mi casa. Lo que realmente me gusta es irme a una casita que tengo en un pequeño pueblo de la costa, donde todavía hay poco turismo y descansar ahí tranquila.

La opción correcta es el enunciado F.

Ahora tiene 20 segundos para leer los enunciados

Persona 1

HOMBRE: Tengo un coche estupendo y disfruto mucho conduciéndolo. Por eso los fines de semana, excepto si hace muy mal tiempo o estoy enfermo, en cuanto salgo del trabajo siempre me voy a algún sitio. A veces, elijo un pueblo tranquilo, otras una ciudad interesante. Prefiero una casa rural, cuando estoy muy cansado y lo que quiero es pasear por el campo o leer un buen libro.

(Se repite el audio)

Persona 2

HOMBRE: Mi familia y yo vivimos en un pueblo de la playa. Es un lugar que atrae a muchos turistas, pero en invierno es un lugar muy agradable porque la mayoría de visitantes son personas mayores de países fríos que vienen atraídas por su clima. Pero en verano vienen tantos turistas que no cabemos en el pueblo. Entonces nosotros cogemos nuestro coche y nos vamos de viaje lo más lejos posible del mar.

(Se repite el audio)

Persona 3

MUJER: Cuando era estudiante viajaba mucho, pero como tenía poco dinero, iba a lugares a los que se podía llegar con vuelos baratos, o en autobús, o con billete de tren para jóvenes. Y me quedaba a dormir en hostales baratos, o en casas de amigos. No llevaba más equipaje que una mochila.

(Se repite el audio)

Persona 4

HOMBRE: A mí lo que me gusta es ir de viaje a sitios donde pueda hacer un turismo un poco aventurero. Nada de viajes organizados, visitas programadas u hoteles con todo incluido. Lo mío es escalar una montaña, bajar en canoa por un río, bucear, dormir bajo las estrellas. Ahora: no me gusta hacerlo solo. A mi novia le encanta también este tipo de experiencia y siempre vamos juntos. A veces se nos une otra pareja de amigos.

(Se repite el audio)

Persona 5

MUJER: Cuando me casé, mi marido y yo hicimos un viaje de novios fabuloso: queríamos hacer el viaje de nuestra vida y así lo hicimos. Prácticamente dimos la vuelta al mundo: estuvimos viajando tres meses. Gastamos en el viaje todo el dinero que nos habían regalado para la boda, y más que habíamos ahorrado. Pero valió la pena.

(Se repite el audio)

Persona 6

MUJER: En verano nos encanta ir a la playa. Tenemos una casita en un pueblo que está cerca de la costa y vamos en bici hasta el mar casi todos los días. También hacemos excursiones por los montes cercanos. Vamos todos: mi marido, los gemelos y a veces también se une mi madre.

(Se repite el audio)

PISTA 25

Tarea 5

Instrucciones

Usted va a escuchar una conversación entre dos personas, Alejo y Berta. Indique si los enunciados (25-30) se refieren a Alejo (A), a Berta (B) o a ninguno de los dos (C). Escuchará la conversación dos veces.

Ahora tiene 25 segundos para leer los enunciados.

BERTA: ¡Hola Alejo! ¿Ya sabes a dónde vas a ir durante las vacaciones de verano?

ALEJO: Pues ya he mirado alguna cosa, aunque aún no me he decidido.

BERTA: Yo estoy pensando en ir a Colombia.

ALEJO: ¡Colombia! ¿Tú sabes que yo viví ahí cuando era pequeño porque la compañía en la que trabajaba mi padre lo destinó ahí? Vivimos en Cali, concretamente.

BERTA: No tenía ni idea.

ALEJO: Pues sí, pero no he vuelto desde que regresamos toda la familia. Y qué casualidad que hayas elegido ese destino porque mi padre, aprovechando que se jubila, quiere celebrarlo llevándonos a todos a Colombia porque su compañía le ha regalado cuatro billetes de avión para viajar a un país sudamericano.

BERTA: ¡Qué bien! La verdad es que yo puedo viajar por poco dinero en avión, porque mi padre es piloto en una línea aérea. Gracias a eso he estado en muchos países de América Latina. Me gustan mucho las ciudades coloniales, Cuzco en Perú me encantó y ahora quiero conocer Cartagena de Indias.

ALEJO: ¿Y no vas a pasar mucho calor en verano? Yo en verano intento viajar a lugares que no sean muy calurosos. Si allí es invierno ¡mejor!

BERTA: A mí el calor no me molesta especialmente. Además, yo, por mi trabajo, solo puedo viajar en verano. Y la verdad, después de haber pasado un invierno, prefiero que las vacaciones de verano no consistan en ir al frío. No me parezco a ti que te gusta viajar en invierno.

ALEJO: No, mujer, no es eso. Yo en invierno no puedo viajar: tengo que trabajar, pero sí me gusta el frío. Oye, y ¿cuánto tiempo piensas pasar en Colombia?

BERTA: Pues todavía no lo sé exactamente. Tengo que estudiar bien mi presupuesto: no soy millonaria. Como te he dicho, mi primer objetivo es Cartagena, pero, ya que hago un viaje tan largo, me gustaría poder ver a una amiga que vive en Bogotá y también visitar otros lugares de Colombia.

ALEJO: ¡Qué buen plan! Anda, vamos a tomar algo y seguimos charlando.

(Se repite el audio)

PISTA 26

Tarea 1

Instrucciones

Usted va a escuchar seis anuncios. Escuchará cada anuncio dos veces. Después, debe contestar a las preguntas (1-6). Seleccione la opción correcta (a / b / c).

Ahora tiene 30 segundos para leer las preguntas.

Anuncio 1

MUJER: ¿Sufre usted de insomnio? ¿Le cuesta conciliar el sueño? ¿Se despierta durante la noche? Dormir bien es necesario para gozar de una buena salud. En Hypnos, clínica especializada en el tratamiento de trastornos del sueño, encontrará respuestas para su problema en particular. Nuestros especialistas le darán una solución que mejorará su sueño y su salud. Encuéntrenos en www.hypnos.com

(Se repite el audio)

Anuncio 2

HOMBRE: ¿Le gusta hacer fotografías y verlas en papel? Inspirándose en las antiguas polaroid que permitían ver la fotografía que se acababa de tomar, la ciencia tecnológica ha diseñado una nueva miniimpresora que se puede conectar al teléfono móvil y trasladar las imágenes digitales a papel fotográfico. Además, existe la posibilidad de añadir accesorios para decorar las fotos.

(Se repite el audio)

Anuncio 3

MUJER: Los ácaros son unos bichitos de entre 0,2 y 0,5 milímetros, lo que los hace invisibles al ojo humano. Habitan en las zonas de la casa donde es más complicado buscarlos y encontrarlos como las alfombras, colchones y almohadas. ¿Sabía que en un solo colchón puede haber más de 2 millones de ácaros? Una manera para eliminarlos es utilizar aspiradoras especialmente diseñadas con filtros específicos contra los ácaros.

(Se repite el audio)

Anuncio 4

HOMBRE: Las personas miopes ya no tienen por qué estar obligadas a usar gafas o lentillas de por vida. En nuestros centros Visionsana, aplicamos una cirugía realizada con láser de última generación que permite la recuperación de una visión perfecta a la mayoría de nuestros pacientes. La primera visita y el diagnóstico –fundamental para valorar la condición de los ojos– son gratuitos.

La intervención puede realizarse en apenas 20 minutos para los dos ojos y el posoperatorio puede reducirse a 15 minutos de reposo tras la operación.

(Se repite el audio)

Anuncio 5

MUJER: Activpiernas es una nueva y revolucionaria solución para las personas que no pueden hacer ejercicio físico o tienen problemas para caminar. Esta máquina se ha diseñado para que se pueda usar estando sentados. Activpiernas permite activar y aumentar la circulación gracias al movimiento de piernas constante y, de este modo, también impulsa la circulación de la sangre que va al corazón de una manera fácil y cómoda. Ideal para personas mayores con problemas de motricidad. La puede adquirir a través de nuestra página web www.activpiernas.com

(Se repite el audio)

Anuncio 6

HOMBRE: Si todavía no conoce los beneficios del aceite de oliva virgen, le recordamos que hay estudios que demuestran que sirve para reducir el colesterol malo, que ayuda a proteger todos los órganos relacionados con la digestión y además proporciona vitamina E. Se recomienda tomarlo antes de la primera comida del día para que haga más efecto.

(Se repite el audio)

PISTA 27

Tarea 2

Usted va a escuchar un fragmento del programa «¿Quiere conocer a nuestros futuros investigadores?» en el que Sandra habla sobre su vida. Escuchará la audición dos veces. Después, debe contestar a las preguntas (7-12). Seleccione la opción correcta (a / b / c).

Ahora tiene 30 segundos para leer las preguntas.

MUJER: Hola, me llamo Sandra. Soy colombiana, de una pequeña ciudad que se llama La Palma, está ubicada a unos 150 kilómetros de Bogotá. Vine acá hace cinco años para estudiar Biología en la universidad, pero después de dos cursos, decidí cambiarme a Medicina. Quiero ser médica para dedicarme a la investigación y poder combatir enfermedades como la malaria.

Yo no sé si ustedes saben que, en mi país, la malaria representa un grave problema de salud pública, debido a que cerca de 85 % del territorio rural colombiano está situado por debajo de los 1600 metros sobre el nivel del mar y presenta, por supuesto, condiciones climáticas, geográficas y epidemiológicas aptas para la transmisión de la enfermedad. Se estima que aproximadamente unos 25 millones de personas se encuentran en riesgo de enfermar o morir por esta causa. No obstante, todavía me quedan años de estudiar Medicina y tengo que trabajar muy duro para terminar los estudios. Además, los fines de semana tengo que trabajar en una tienda de ropa. Tengo que pagar el apartamento, comprar la comida, también necesito libros y mis papás no pueden ayudarme mucho porque tengo más hermanos.

Al principio, fue duro para mí vivir en la capital. En mi ciudad natal está toda mi familia: mis papás, mis hermanos, y también mis abuelos y mis primos y mis primas. Y estamos muy unidos. Nos reunimos en casa de mis abuelos maternos y comemos, hablamos, bailamos, nos reímos... Extraño muchísmo los platos ricos que cocina mi abuelita y los cuentos que dice mi abuelo. También me acuerdo mucho de mi hermanita pequeña.

Aunque también disfruto de la ciudad y me encanta estudiar en la facultad. Tengo buenos amigos y amigas. Mi mejor amiga es una muchacha que tampoco es de aquí, de Bogotá. Nos conocimos en la residencia universitaria y nos llevamos muy bien. Por eso decidimos mudarnos juntas para compartir un apartamento. La verdad es que es minúsculo, pero tiene lo que necesitamos: es nuestro hogar.

He querido compartir mi experiencia con ustedes para que vean que se puede estudiar duro, trabajar en un empleo a tiempo parcial y divertirse. Porque eso es lo que voy a hacer cuando salga de la emisora: encontrar a mi novio y a unos amigos e ir todos juntos a comer algo y luego a bailar. Es algo que solo me puedo permitir un rato los fines de semana, pero vale la pena. Tengo la suerte de que mi novio también estudia para médico y no solo compartimos las horas de diversión, sino que también estudiamos juntos y nos apoyamos en todo.

(Se repite el audio)

PISTA 28

Tarea 3

Instrucciones

Usted va a escuchar en un programa radiofónico seis noticias sobre avances científicos y cuidados de la salud. Escuchará la audición dos veces. Después, debe contestar a las preguntas (13-18). Seleccione la opción correcta (a / b / c).

Ahora tiene 30 segundos para leer las preguntas.

MUJER: La supervivencia de pacientes con problemas de corazón es, en un 50 %, inferior a cinco años. El tratamiento de esta dolencia, sin embargo, es el mismo desde los años 70. Ahora, se ha descubierto que una versión sintética de la hormona relaxina –que producen las embarazadas para ayudarlas a soportar el estrés que el feto supone para el corazón– aumenta su vida hasta en un 37 %, según un estudio de la Universidad de California. El nuevo fármaco, llamado Serelaxina, ensancha los vasos, aumenta el aporte de oxígeno y es antiinflamatorio.

(Cortinilla)

Predimed (Prevención con Dieta Mediterránea) es una investigación española, publicada en el *New England Journal of Medicine*, de tal relevancia que se cree que podría cambiar ciertas pautas nutricionales.

Según sus conclusiones, un 30 % de los ataques cardíacos, ictus y muertes por enfermedad cardiovascular podrían prevenirse con una alimentación típicamente mediterránea, rica en aceite de oliva virgen extra y en frutos secos. Incluso se puede tomar un vaso de vino en las comidas.

(Cortinilla)

En las operaciones largas, de muchas horas de duración, es especialmente importante la función de la anestesia que permite que el paciente permanezca dormido un periodo largo de tiempo. Gracias a los avances de la técnica, se ha diseñado un tipo de *software* que permitirá controlar por un ordenador si la operación va bien. De esta manera, el médico cirujano podrá controlar mejor el proceso.

(Cortinilla)

La leche materna es, sin duda, el mejor alimento infantil que existe; es el más equilibrado y contiene todos los nutrientes necesarios para el correcto desarrollo del recién nacido. Pero, además, también tiene beneficios para su sistema inmunológico y su salud a largo plazo (por ejemplo, previene la obesidad y favorece un mayor coeficiente intelectual). Incluso la madre sale ganando, ya que hay estudios que prueban que previene algunas enfermedades como la osteoporosis y algunos tipos de cáncer.

(Cortinilla)

En un estudio liderado por científicos de la Universidad de Cambridge se recoge el descubrimiento de que el medicamento bexaroteno, actualmente comercializado para el tratamiento del cáncer, puede también prevenir la aparición del alzhéimer, deteniendo el «primer paso» de las reacciones en cadena que terminan por destruir las células cerebrales.

Informaciones extraídas de: www.mujerhoy.com

(Cortinilla)

Roger Grieve ama el arte, y es un visitante habitual de los museos. Sin embargo, nunca ha visto las obras como realmente son, ya que padece daltonismo desde su nacimiento. Ahora, por primera vez, Grieve ha podido apreciar el arte en sus colores originales gracias a unas gafas creadas por Oakland.

Las gafas se venden en la tienda de EnChroma por precios que van desde los 349 dólares y con un amplio catálogo según los gustos y las necesidades de cada una de las personas que recurra a ellas para poder apreciar los colores con exactitud.

Información extraída de: www.europapress.es

(Se repite el audio)

PISTA 29

Tarea 4

Usted va a escuchar a seis personas que hablan de cómo llegaron a dedicarse a la ciencia. Escuchará a cada persona dos veces.

Seleccione el enunciado (A-J) que corresponde al asunto del que habla cada persona (19-24). Hay diez enunciados incluido el ejemplo. Seleccione seis.

Ahora escuche el ejemplo.

Persona 0

MUJER: Me dedico a la ciencia porque pienso que es fascinante poder descubrir el porqué de las cosas. De pequeña era ese tipo de niña que pregunta todo el tiempo ¿por qué? Y no me conformaba con cualquier explicación. Necesitaba que me convencieran con razones de peso para quedar satisfecha con la respuesta.

La opción correcta es el enunciado C.
Ahora tiene 20 segundos para leer los anunciados.
Persona 1

MUJER: Yo, en realidad, estudié la carrera de Farmacia porque era una tradición en mi familia: mi abuela y mi madre también eran farmacéuticas y mi familia tiene una farmacia en el centro de la ciudad. Así que mi futuro parecía decidido, pero según avanzaba en los estudios me interesaba más la investigación científica que seguir con el negocio familiar. Cuando terminé la carrera, empecé a trabajar en un laboratorio y ahora formo parte de un equipo especializado en identificar las causas del alzhéimer y encontrar formas de pararlo y combatirlo.

(Se repite el audio)

Persona 2

HOMBRE: La verdad es que he llegado a ser científico un poco por casualidad. En mi familia casi todos se dedican al arte, la literatura, la música y yo no quería ser menos. Pero la realidad es que carezco de talento para cualquiera de esas cosas. En el colegio siempre mis dibujos eran los peores, no sabía escribir relatos interesantes y la música ¡mejor no hablar! Sin embargo, las ciencias se me daban bien: tenía muy buenas notas en biología, en física y en química. Me encantaba pasar tiempo mirando por el microscopio. Así que aquí estoy: investigando sobre un pequeño microorganismo, el oikopleura.

(Se repite el audio)

Persona 3

HOMBRE: Mi madre, que es una mujer muy activa e inteligente, padece terribles migrañas y también las padecía mi abuela y también las padecen mis hermanas. Cuando están bajo los efectos de ese dolor de cabeza, no pueden hacer nada y sufren mucho. Esa es una de las razones por las que estudié Medicina y me dedico a la investigación. Quiero contribuir a aliviar a las personas que padecen ese mal y descubrir qué lo produce.

(Se repite el audio)

Persona 4

HOMBRE: Padezco de insomnio. Siempre he dormido muy poco, así que cuando todo el mundo dormía, yo leía y leía: de todo. Tenía muy buenas notas en el colegio y cuando tuve que ir a la universidad me decidí por estudiar Medicina. Al terminar la carrera opté por la investigación: sigo pasando las noches en blanco leyendo y aprendiendo. No me dedico a buscar una cura para mi insomnio, sino que trabajo para encontrar el origen y la cura de algunas enfermedades raras.

(Se repite el audio)

Persona 5

MUJER: Estudié Ciencias Físicas en la universidad y años más tarde me doctoré con una tesis sobre nutrición. Empecé a investigar sobre los minerales y las vitaminas en los alimentos porque me preocupaba mucho estar alimentándome correctamente. De pequeña no tomé suficiente calcio o lo asimilaba mal y tenía muchísimos problemas con los huesos: siempre tenía alguno roto. Afortunadamente, un médico me diagnosticó el problema y pude mejorar mucho. Ahora soy profesora en la universidad y dirijo un proyecto de investigación sobre minerales y alimentos.

(Se repite el audio)

Persona 6

MUJER: Quizá algunos piensen que yo no soy una científica de verdad porque no hago investigación de gran impacto. Soy profesora de Química en un colegio y enseño a los estudiantes a comprender y a explicar el mundo desde la perspectiva de la ciencia. Por lo tanto, aunque yo no publique artículos en revistas internacionales, considero que estoy haciendo ciencia.

(Se repite el audio)

PISTA 30
Tarea 5
Instrucciones
Usted va a escuchar una conversación entre dos personas, Arturo y Beatriz. Indique si los enunciados (25-30) se refieren a Arturo (A), a Beatriz (B) o a ninguno de los dos (C). Escuchará la conversación dos veces.
Ahora tiene 25 segundos para leer los enunciados.

BEATRIZ: ¡Hola Arturo! ¿Qué tal? ¿Cómo te fue con el doctor?

ARTURO: Pues, la verdad es que cancelé la cita...

BEATRIZ: Pero ¿por qué? ¿Ya no quieres visitarlo?

ARTURO: Sabes que sí.

BEATRIZ: Pues no te entiendo. Ayer, precisamente, estaba escuchando la radio mientras me duchaba y un dietista hablaba sobre los peligros del sobrepeso especialmente en personas fumadoras, que, como bien sabes, es tu caso.

ARTURO: Ya sé que debo tomarme en serio el asunto de mi sobrepeso y olvidarme del tabaco.

BEATRIZ: Pues si lo sabes, debes hacer algo pronto. Mira lo que le ha pasado a Martín. Ha sufrido un infarto con tan solo 40 años.

ARTURO: ¡Qué me dices! No tenía ni idea. ¿Y cómo está? ¿Se ha recuperado?

BEATRIZ: Pues, como es joven y fuerte, sí se ha recuperado, pero ha tenido que cambiar sus hábitos de vida totalmente. Y eso deberías hacer tú también: llevar una vida más sana.

ARTURO: Pero no es fácil. Es complicado comer sano, cuando se come diariamente fuera de casa por culpa del trabajo.

BEATRIZ: Yo también trabajo y tampoco puedo volver a casa para comer, pero o me llevo comida de casa o intento ir a restaurantes donde tienen un menú con cosas sanas: verduras, ensaladas, pescado o pollo a la plancha...

ARTURO: Tienes razón.

BEATRIZ: ¡Claro que la tengo! Y vuelve a pedir cita al médico que yo te voy a acompañar.

ARTURO: Gracias por tu ayuda Beatriz: eres un sol.

(Se repite el audio)